Oetinger

# Und dann ist wirklich Weihnachten

Geschichten von *Kirsten Boie*

Bilder von Silke Brix, Katrin Engelking
und Susann Opel-Götz

Verlag Friedrich Oetinger · Hamburg

*Mehr von Kirsten Boie – nicht nur zur Weihnachtszeit:*

Der kleine Ritter Trenk
Die Medlevinger
Prinzessin Rosenblüte
Seeräubermoses
Verflixt – ein Nix!
Skogland
Der durch den Spiegel kommt

© Verlag Friedrich Oetinger GmbH, Hamburg 2010
Alle Rechte vorbehalten
Einbandillustration von Katrin Engelking
Farbige Illustrationen von
Silke Brix, Katrin Engelking und Susann Opel-Götz
Druck und Bindung: Offizin Andersen Nexö, Zwenkau
Printed 2010 / II
ISBN 978-3-7891-3184-4

www.kirsten-boie.de
www.oetinger.de

# Inhalt

## Weihnachtsbäckerei im Möwenweg

Ich heiße Tara und bin neun Jahre alt. Aber noch nicht lange. Ich habe nämlich im November Geburtstag.

Ich wohne im Möwenweg, in Nummer 5e, und zum Glück wohnt Tieneke in 5c, nur zwei Häuser weiter. Tieneke ist meine allerbeste Freundin.

»Stell dir vor, du würdest in Amerika wohnen!«, hat Tieneke zu mir gesagt. »Da könnten wir ja überhaupt nicht zusammen spielen!«

Es ist noch nicht mal ein ganzes Jahr her, da sind wir in unser Reihenhaus gezogen: Mama, Papa, ich, Petja (der ist schon fast elf) und Maus (der ist noch im Kindergarten). Und wir haben gleich gewusst, dass wir Glück gehabt haben mit unserem neuen Haus. Weil in unserer Reihe nämlich fast nur Leute mit Kindern wohnen! Und fast nur nette.

Auf der einen Seite von uns, im Endhaus, wohnen Oma und Opa Kleefeld. Die haben natürlich keine Kinder, dafür sind sie ja zu alt. Und unsere echte Oma und unser echter Opa sind sie auch nicht. Aber sie sind genauso lieb.

Auf der anderen Seite sind auch keine Kinder, da wohnen leider die nicht so netten Voisins, die nie wollen, dass man durch ihren Garten läuft, nicht mal, wenn man es furchtbar eilig hat und dringend seine allerbeste Freundin besuchen muss. Aber Mama sagt, es ist nur eine Frage der Zeit, wann Voisins genauso nett sind wie die anderen Nachbarn auch. Nettigkeit steckt an.

Von den Erwachsenen am allernettesten ist Michael, der ist der Vater von Fritzi und Jul, das sind meine beiden zweitbesten Freundinnen.

TARA
9 J.

TIENEKE
9 J.

JUL
11 J.

FRITZI
8 J.

(Eigentlich kann man ja nicht zwei zweitbeste Freundinnen haben. Es muss dann zweit- und drittbeste Freundin heißen. Aber ich finde Fritzi und Jul leider ziemlich genau gleich nett. Jul vielleicht ein klitzekleines bisschen netter. Oder Fritzi.)

Fritzi ist acht und Jul ist elf und sie wohnen genau neben Tieneke. Auf der anderen Seite von Fritzi und Jul kommt schon das andere Endhaus. Da wohnen Vincent und Laurin.

Petja sagt, ein Glück, dass es Vincent und Laurin gibt, in einer Reihe nur mit lauter Weibern wäre er nämlich keinen Tag wohnen geblieben. Und so schlimm findet er es auch nicht, dass Laurin erst sieben ist und Vincent neun. Weil Vincent ziemlich schlau ist, und Laurin ist ziemlich frech. Da kann Petja mit beiden was anfangen.

Tiere haben wir auch im Möwenweg. Nämlich Tienekes Kaninchen, die heißen Wuschelchen und Puschelchen. Als Tieneke sie gekriegt

WUSCHELCHEN UND PUSCHELCHEN

hat, waren sie noch Babys und sollten mal Zwergkaninchen werden. Aber leider haben sie sich nicht daran gehalten. Und jetzt sind sie schon größer als eine Katze! Der Tierarzt hat gesagt, es sind Belgische Riesen.

Ich darf leider kein Haustier haben. Mama sagt, zwei Brüder sind doch auch ganz nett. Aber ich finde, das ist überhaupt nicht das Gleiche.

(Trotzdem bin ich manchmal froh, dass ich Petja und Maus habe. Nur dass Petja immer alles bestimmen will, ist wirklich ärgerlich.)

Habe ich schon erzählt, dass ich im November Geburtstag habe? Das hab ich nämlich, und das finde ich für einen Geburtstag auch die allerallerbeste Zeit. Weil im November ja sonst nichts los ist und alle sich freuen, wenn sie eingeladen werden.

»Nein wirklich, wie ist das wieder grau heute!«, sagt Mama manchmal, wenn wir im November aus der Schule nach Hause kommen. »Das schlägt ja richtig aufs Gemüt! November ist bestimmt die fürchterlichste Zeit im Jahr!«

Aber das finde ich überhaupt nicht. Ich finde, es muss erst mal eine Weile grau und nebelig und schrecklich sein, damit man sich auch richtig auf die Vorweihnachtszeit freuen kann. Wenn man gleich mit Kerzen und Keksen und Tannenzweigen und Basteln loslegen würde, wäre das ja nichts Besonderes. Vor der schönen Vorweihnachtszeit muss erst mal die graue Vor-Vorweihnachtszeit kommen, finde ich. Damit man immer aufgeregter wird und es gar nicht mehr abwarten kann, bis es endlich Totensonntag ist. Das ist ja der Sonntag vor dem ersten Advent. Vorher darf man es sich nicht weihnachtlich machen.

In den Geschäften halten sie sich aber leider überhaupt nicht daran. Tieneke hatte sogar schon mal eine Tüte mit Weihnachtskeksen dabei, als wir im September bei Brüllhitze im Freibad waren! Die hatte ihre Mutter an dem Morgen im Supermarkt gekauft. Das passt doch wirklich nicht zusammen. Ich hab auch keinen einzigen Keks gegessen. Ich hab mir lieber am Kiosk ein Eis gekauft.

Als wir im November meinen Geburtstag gefeiert haben, hab ich extra aufgepasst, dass es dabei kein bisschen weihnachtlich war. Obwohl mein Geburtstag immer erst nach dem Totensonntag kommt. Aber Geburtstag ist Geburtstag und Weihnachten ist Weihnachten. Das darf man nicht vermischen, finde ich.

Am Morgen nach meinem Geburtstag hat Frau Streng in der Schule gesagt, dass wir am Montag eine Deutscharbeit schreiben würden.

»Nein!«, haben wir alle geschrien.

»Ich geb mir die Kugel!«, hat Adrian gebrüllt. Das sagen sie immer so in der Werbung.

Frau Streng ist unsere Klassenlehrerin, und Tieneke und ich finden, dass sie eigentlich Frau Nett heißen müsste. Weil sie nämlich nett ist. Aber an diesem Morgen haben wir das gar nicht gefunden.

»Wo doch schon so bald Weihnachten ist!«, hat Kiki mit einer ganz lieben Stimme gesagt. »Keine Arbeit! Bitte, bitte!«

»Genau!«, hat Carolin gerufen.

»Genau!«, hab ich auch gesagt. Manchmal kann man Lehrer ja noch rumkriegen.

»Das hat doch nichts mit Weihnachten zu tun!«, hat Frau Streng gesagt. »Aber ich verspreche euch, ich mach die Arbeit nicht zu schwer. Und jetzt wollen wir noch mal üben.«

Es war aber trotzdem sehr schwierig, alles mit Wörtern, die hintendran ein -ig oder ein -lich haben. Riesig, zum Beispiel. Oder fröhlich. Die schreibt man ja manchmal mit einem -g und manchmal mit einem -ch, und da muss man immer erst so lange überlegen, was richtig ist.

»Können wir nicht lieber eine Mathearbeit schreiben?«, hab ich vorgeschlagen. Mathe kann ich besser.

»Nichts da!«, hat Frau Streng gesagt. »Ihr habt ja noch den ganzen Nachmittag Zeit, um zu üben.«

Darum hatten Tieneke und ich auch ziemlich schlechte Laune, als wir nach Hause gekommen sind.

Aber Mama hat uns ganz vergnügt die Tür aufgemacht. »Na, ihr beiden Mäusegesichter?«, hat sie gefragt. »Hattet ihr einen schönen Tag?«

Zum Glück kommt Tieneke nach der Schule ganz oft mit zu mir, weil ihre Mutter ja arbeitet. Dann isst sie auch immer bei uns und das ist gut. Weil ich doch sonst nur mit Petja und Maus zusammen essen müsste (und mit Mama natürlich), und da wäre ich das einzige Mädchen gegen zwei Jungs. Aber wenn Tieneke dabei ist, ist es ganz genau gerecht.

»Wir hatten überhaupt keinen schönen Tag!«, hab ich gesagt und meinen Ranzen mit Jacke drin auf den Boden gepfeffert. Aber als Mama mich so angeguckt hat, hab ich die Jacke doch lieber an die Garderobe gehängt und den Ranzen neben die Treppe gestellt. Tieneke hatte das sowieso schon gemacht. »Wir müssen Montag eine ganz grässliche Arbeit schreiben!«

»Rechtschreibung!«, hat Tieneke gesagt. »Riesig und fröhlich! Das kann ja kein Mensch!«

Petja hat schon am Küchentisch gesessen und so getan, als ob sein Messer und seine Gabel zwei Trommelstöcke sind und der Tisch ist sein Schlagzeug. Das hat er wegen Maus gemacht. Der wollte sich natürlich wieder totlachen.

»Das ist doch Babykram, solches Lich-Dingsbums!«, hat Petja gesagt.

»Das Zeugs hatten wir schon vor hundert Jahren!« Petja ist ja schon in der fünften Klasse.

Aber als wir gesagt haben, er soll es mal erklären, wusste er natürlich kein bisschen, wie es geht.

»Nun streitet euch mal nicht!«, hat Mama gesagt. »Wo doch heute unser Backtag werden soll!«

»Backtag?«, hab ich geschrien. »Darf Tieneke mitmachen?«

Mama hat gesagt, aber klar, sie kann jede tüchtige Hand brauchen, bei den Riesenmengen von Keksen, die ihre Familie vor Weihnachten immer verdrückt.

Backtag ist vor Weihnachten immer mit das Allerschönste, finde ich. (Obwohl es vor Weihnachten ja ziemlich viel Schönes gibt.) Und man muss ihn auch immer schon vor dem ersten Advent machen, das ist das Gute, damit man am ersten Advent auch genug Weihnachtsgebäck hat. Darum ist Backtag bei uns immer ganz bald nach meinem Geburtstag.

»Geil!«, hat Petja geschrien. »Ich mach auch mit!«

Das war ja sowieso schon klar. Ich hab aber gewusst, dass Petja um drei zum Judotraining musste. Und ein bisschen darf er ruhig mitbacken, das müssen Männer ja auch lernen.

»Wenn ihr das Geschirr in die Spülmaschine gestellt habt, zeig ich euch mal, was ich eingekauft habe«, hat Mama gesagt.

Wir backen vor Weihnachten immer dieselben drei Sorten Kekse, und wenn es die nicht gibt, ist es keine richtige Vorweihnachtszeit, finde ich. Am liebsten backe ich Kinderkekse, da muss man den Teig ganz platt ausrollen und mit kleinen Förmchen niedliche Figuren ausstechen. Herzen und Sterne und Engel, und einen Elch haben wir auch. Aber das Schönste kommt erst, wenn wir die Kekse aus dem

Ofen geholt haben. Dann malen wir sie nämlich mit Zuckerguss an, das heißt glasieren, und Mama hat dafür in der oberen Küchenschublade extra drei Pinsel, die sind viel breiter als die Tuschpinsel in der Schule, und die nehmen wir nur für Zuckerguss.

»Bitte sehr, meine Damen und Herren!«, hat Mama gesagt und aus dem Wohnzimmer ihren Einkaufskorb geholt. Da waren all die Sachen drin, die sie zum Backen eingekauft hatte.

Und das waren wirklich viele! Wir haben die Päckchen aus dem Korb genommen und nebeneinander auf die Arbeitsplatte neben der Spüle gestellt und das waren:

Mehl und Zucker und Eier und billige Backmargarine und Milch für den Teig; und für die Glasur Puderzucker und bunte Speisefarben und silberne Zuckerkügelchen und bunte Zuckerkügelchen und bunte Streusel und Schokostreusel und so winzig, winzig kleine Blümchen aus Zucker, die sehen vielleicht nicht richtig weihnachtlich aus, aber dafür sind sie das Hübscheste von allem.

»Krass!«, hat Tieneke geflüstert. »So viel!«

»Das hab ich alles eingekauft!«, hat Maus geschrien. »Ich war das! Mit Mama!«

»Das hast du aber schön gemacht, Maus!«, hab ich gesagt. Obwohl ja wohl jeder Dummie die Sachen aus dem Regal im Supermarkt nehmen kann, das ist schließlich keine Kunst. Aber vor Weihnachten bin ich immer nett zu Maus. Und sonst auch ganz oft.

»Na, dann wollen wir mal!«, hat Mama gesagt. Dann hat sie Tieneke und Petja und mir jedem eine Küchenschürze gegeben: Petja die rot-grün gestreifte, Tieneke die grüne mit den Äpfeln drauf, und ich habe die mit den Kringeln gekriegt, die finde ich sowieso am schönsten. Maus musste ein Geschirrhandtuch umbinden, weil wir leider nur drei Schürzen haben. Aber eine echte Schürze wäre für so einen kleinen Zwerg sowieso viel zu lang gewesen. Da wäre er nur immer gestolpert und das ist beim Backen ja nicht so gut.

Mama hat zwei Engelkerzenhalter auf die Fensterbank gestellt und die Kerzen angezündet (obwohl es ja noch nicht richtig dunkel war. Aber es war trotzdem feierlich) und ich habe den Kassettenrekorder aus meinem Zimmer geholt mit der Weihnachtsgeschichtenkassette, die wir beim Plätzchenbacken immer hören. Darauf liest ein ganz alter Mann mit einer tiefen Stimme Weihnachtsgeschichten vor, und wenn ich das höre, kriege ich jedes Mal so ein glückliches, besonderes Gefühl. Dann weiß ich, dass es jetzt wirklich Weihnachten wird.

Wir haben die Zutaten abwechselnd in die Küchenmaschine getan, wie wir das immer machen. So kommt ja jeder mal dran. Zuerst durfte Maus die billige Margarine abstechen und ins Rührgerät tun, dann hat Petja den Zucker abgewogen und dazugeschüttet und ich hab auf den Anschaltknopf gedrückt. Danach sind dann die Eier gekommen (die durfte Tieneke) und das Mehl (das hatte ich) und ganz zum Schluss noch ein Hauch Backpulver und ein winziges bisschen Milch.

Der Teig ist auch sehr schön geworden. Wir haben ihn in den Kühlschrank gestellt, weil er zum Ausrollen ja kalt sein muss, und Mama hat gesagt, wo wir jetzt sowieso eine kleine Pause machen, können wir auch gleich mal für unsere Deutscharbeit üben.

Ich habe gestöhnt, aber Mama hat schon gesagt: »Der Tag heute ist herrlich!«

Und Tieneke hat gesagt: »Heute ist ein herrlicher Tag.« (Weil man es so machen muss. Man muss das Wort länger machen, dann kann man hören, ob es ein ch-Wort ist oder ein g-Wort. Herrliger Tag klingt ja ganz falsch.)

Da habe ich geseufzt und gesagt: »Mit -ch!«

»Prima!«, hat Mama gerufen. »Mir ist auch schon ganz weihnachtlich!«

»Du bist eine weihnachtliche Mutter«, hab ich gesagt (obwohl das ja komisch klingt) und Tieneke hat gesagt: »-ch!«

Da hat es sogar angefangen, uns Spaß zu machen.

Petja hat sich an die Stirn getippt. »Ihr seid ja durchgeknallt!«, hat er gesagt. »Los, ausstechen!«

Er wollte natürlich, dass wir uns beeilen, damit er vor seinem Judo auch noch mitmachen konnte.

»Sei doch nicht so drängelig!«, habe ich gerufen.

»Sei doch nicht so ein drängeliger Petja!«, hat Tieneke gesagt und »Mit -g!« habe ich gerufen.

»Hä?«, hat Petja gesagt. »Was?« Und dabei hatte er vorhin doch noch behauptet, für einen, der schon in der Fünften ist, sind -ig und -ich eierleicht!

Aber dann hat er es doch verstanden.

Zum Glück haben wir genug kleine Ausstechförmchen und auch ganz viele schöne. Da mussten wir uns nicht streiten. Wir hatten in meiner alten Klasse im letzten Jahr alle eine Ausstechform in unserem Klassen-Adventskalender und meine war ein Engel von der Seite. Die Plätzchen, die man damit aussticht, werden noch viel niedlicher als der Elch, darum habe ich mir die Form als Erste geschnappt. Leider war sie vom Abwaschen ein bisschen verbogen, und Petja hat meine Plätzchen angeguckt und gesagt: »Was sind denn das für dicke Klöpse? Willst du in diesem Jahr lauter fette kleine Weiber mit Rucksack backen?«

Aber ich fand, dass man ganz gut erkennen konnte, dass es Engel mit Flügeln sein sollten. Tieneke hat gesagt, das findet sie auch. Man muss sich nur ein bisschen Mühe geben.

Genau, als wir die Backbleche in den Ofen schieben wollten, hat es an der Haustür geklingelt, und Vincent ist gekommen, um Petja zum Judo abzuholen.

»Cool!«, hat er gerufen. »Weihnachtsbäckerei! Kann ich nachher auch mitmachen?«

In dem Augenblick hat grade Mama den Kopf durch die Küchentür gesteckt, um zu gucken, wie weit wir waren, und sie hat gesagt, natürlich darf Vincent auch mitbacken.

17

»Bestimmt haben die Mädchen nachher sowieso keine Lust mehr«, hat Mama gesagt.

Aber da kannte Mama uns schlecht! Nachdem wir die Kassette zweimal gehört hatten (beide Seiten), war es vielleicht nicht mehr ganz so aufregend, aber schön war es immer noch. Mama hatte Tieneke und mir nämlich erlaubt, dass wir in diesem Jahr auch die Zimtsterne alleine backen durften (das ist immer unsere zweite Kekssorte), weil sie am Vormittag angefangen hatte, den Rummelkeller ein bisschen aufzuräumen, und da wollte sie nicht mittendrin aufhören. Sonst fängt sie nämlich nie wieder an, hat sie gesagt, da kennt sie sich genau.

Darum hat Mama Tieneke und mir also das Rezept für die Zimtsterne hingelegt und die Zutaten gegeben und dann hat sie noch mal die Kassette umgedreht und ist in den Keller gegangen.

Wir haben alles genau so gemacht, wie es im Rezept stand, Mandeln und Zimt und alles, aber trotzdem ist es kein schön fester Teig geworden, den man ausrollen konnte, um Sterne auszustechen. Sondern nur so eine Art hellgrauer Matsch.

»Sollen wir deine Mutter holen?«, hat Tieneke gefragt. »Vielleicht weiß die ja einen Trick!«

Aber ich hab gedacht, dass Mama in ihrem Keller bestimmt nicht gestört werden will, und außerdem fand ich es auch nicht so gut, dass sie denkt, nun lässt sie uns schon mal so schwierige Kekse machen, und dann geht alles schief.

»Das kriegen wir auch selber hin!«, hab ich gesagt und einfach noch ein Ei reingeschlagen.

Das war aber leider nicht richtig. Eigentlich sah der Teig jetzt sogar noch mehr aus wie ein komischer klebriger Matsch.

»Iihh, das ist ja ganz backsig!«, hat Tieneke gesagt.

»Ein backsiger Teig«, hab ich gesagt. »Mit -g.«

Aber mir war gar nicht zum Lachen zumute. Es ist mir nur so eingefallen, weil backsig ja auch ein Wort für unsere Rechtschreibung war.

Und gerade, als wir uns beide so ganz verzweifelt über das Rührgerät gebeugt haben, um zu überlegen, wie man die Zimtsterne noch retten könnte, ist Mama in die Küche gestürmt.

»Riecht ihr das denn gar nicht?«, hat sie gerufen. »Die Plätzchen müssen raus!«

Da hatten Tieneke und ich doch wirklich unsere Kinderkekse anbrennen lassen! Wir hatten ja so viel Ärger mit den Zimtsternen gehabt. Und an alles kann man nicht gleichzeitig denken.

Die Kekse auf dem Blech, das wir zuerst in den Ofen geschoben hatten, waren leider schon ganz schwarz, aber die beiden anderen Bleche waren in Ordnung. Die Kekse auf dem letzten Blech sahen sogar ganz schön und golden aus, und das mittlere Blech war auch nur so ein kleines bisschen bräunlich. Mama hat gesagt, mit ordentlich viel Zuckerguss ist davon nachher gar nichts mehr zu merken.

Dann hat sie unseren Zimtsternteig gesehen. »Ach du je!«, hat sie gerufen. »Was ist denn da passiert?«

Und sie hat gesagt, wenn wir mit zwei Teelöffeln kleine Häufchen auf das Backblech heben, werden das bestimmt auch schöne Kekse. Es sind dann eben nur keine Zimtsterne.

Da haben Tieneke und ich lauter kleine Häufchen auf das Backpapier gesetzt und zwei Bleche davon in den Ofen geschoben, und dann ha-

19

ben wir uns das Blech mit den verbrannten Keksen geschnappt und sind nach draußen gegangen, um sie in die Bio-Tonne zu kippen. Gerade als Fritzi und Jul an unserem Zaun vorbeigekommen sind! Fritzi musste zum Kinderflöten, und Jul hat sie gebracht, weil es ja schon dunkel war.

»Warum werft ihr denn die schönen Schokoladenkekse weg?«, hat Fritzi gerufen und sich gleich eine ganze Handvoll geschnappt.

»Nicht!«, habe ich geschrien. Aber es war leider schon zu spät. Wir konnten Fritzi gar nicht mehr erklären, dass die Kekse nur aussahen wie Schokolade und in Wirklichkeit total verbrannt waren. Sie hatte schon einen Elch in den Mund gesteckt. Einen ganzen Keks auf einmal! Manchmal kann Fritzi ganz schön gierig sein.

Aber dann hat sie von selber gemerkt, dass es keine Schokolade war. »Die sind ja total verkohlt!«, hat Fritzi gebrüllt und gespuckt und

gespuckt. »Ich hab alles voller Krümel!« Dann hat sie angefangen zu weinen und gesagt, mit den ekligen Krümeln im Mund kann sie überhaupt gar nicht schön Weihnachtslieder flöten.

Jul hat aber gesagt, sie muss.

»Da siehst du mal, was passiert, wenn man nicht warten kann!«, hat sie ganz streng gesagt. Beim Adventskaffee schnappt Fritzi sich nämlich auch immer schon einen Keks, bevor es richtig losgeht, hat Jul erzählt. Damit ihr nur niemand anders den allerschönsten wegisst. Darum geschieht es ihr mal ganz recht.

Als wir wieder reingegangen sind, waren unsere Zimtsternteig-Kekse schon fast fertig gebacken. Sie haben ganz wunderbar geduftet, aber so richtig schön ausgesehen haben sie eigentlich nicht. Mehr so unordentlich hubbelig.

Gerade als wir sie aus dem Ofen geholt haben, sind Petja und Vincent vom Judo gekommen und Petja hat unsere Zimtsternteig-Kekse gesehen. »Was soll denn das sein?«, hat er gefragt. »Gebackenes Kartoffelpüree?«

Maus wollte sich natürlich gleich wieder totlachen. »Gebackene Pommes frites!«, hat er gerufen. »Gebackenes Schuschu-Bulubulu!« Maus ist wirklich immer ziemlich albern.

Aber da hat sich zum Glück Mama eingemischt und gesagt, es sind Mandel-Zimt-Batzen, das ist ein ganz neues Rezept von Tara und Tieneke, und die schmecken sehr gut.

Vincent hat einen probiert und gesagt, das stimmt. Die Mandel-

Zimt-Batzen erinnern ihn irgendwie ein bisschen an Zimtsterne, aber sie schmecken ehrlich tausendmal besser.

Das hat Papa am Abend auch gesagt, als er von jeder Kekssorte einen probieren durfte. Und dass er jetzt in jedem Jahr nur noch Taras und Tienekes Mandel-Zimt-Batzen essen möchte und nicht so langweilige Zimtsterne, wie alle Leute sie haben.

Dann haben wir noch unsere Kinderkekse glasiert. Tieneke und ich haben die drei Jungs anfangen lassen. Weil wir doch sowieso noch unsere Haselnussfreuden backen mussten. Das sind Oma Friedrichstadts Lieblingskekse, und wenn es die Weihnachten bei uns nicht gibt, setzt sie sich gar nicht erst in die Bahn, um zu uns zu kommen, hat sie im letzten Jahr gesagt. (Das war aber geschwindelt. Oma Friedrichstadt kommt Weihnachten immer zu uns, weil sie so gerne Weihnachtslieder mit uns singt und Geschenke für uns hat, und wir haben auch welche für sie. Das mit den Keksen hat sie nur so aus Quatsch gesagt.)

Haselnussfreuden sind ganz einfach, und das kann man kaum glauben, wo sie doch so lecker sind. (Ich schreib das Rezept hintendran.) Darum waren wir schnell fertig und konnten zugucken, wie die

Jungs ihre Kekse glasiert haben, und das war wirklich gruselig (mit -g). Maus konnte es ja sowieso noch nicht so richtig und hat mit seinem Pinsel immer übergemalt, dass der ganze Tisch voller Zuckerguss war. Den hat er dann mit der Zunge abgeschleckt. Einfach so von der Tischplatte! Zum Glück hat Mama ihn nicht gesehen.

Aber Petja war auch nicht viel besser, und dabei ist er doch schon elf! Er hat seinen Zuckerguss mit grüner und gelber Speisefarbe eingefärbt. »Monsterkekse!«, hat er gesagt und ganz zufrieden ausgesehen. »Hat jemand schon mal so geile Monsterkekse gesehen? Die sind gut gegen Vampire. Wenn man mal grade keinen Knoblauch hat.« Immer muss Petja sich so was ausdenken.

»Mhm, geil, Monsterkekse!«, hat Vincent gesagt. »Die mach ich auch!«

Ich will Weihnachten aber keine grässlichen Monsterkekse essen. Ich möchte niedliche ordentliche Kekse mit weißem und rosa und zartgelbem Zuckerguss und bei den Sternen mit einer Zuckerkugel auf jeder Zacke und alle in der gleichen Farbe. Dem Elch hab ich sogar ein Auge aus einem Schokostreusel aufgeklebt, und meine kleinen dicken Engel haben alle ein Zuckerblümchen als Auge gekriegt. Leider hat auf manchen Keksen ein Haar aus dem Glasierpinsel geklebt, die gehen immer so leicht aus. Aber Weihnachtskekse ganz ohne Pinselhaare wären ja auch gar nicht wie selbst gebacken, finde ich.

Als die Kinderkekse alle glasiert waren, waren auch die Haselnussfreuden im Ofen fertig und wir haben alle Kekse ganz vorsichtig in unsere Dosen getan. Wir haben zwei richtige Weihnachtsdosen, und dann haben wir noch zwei Dosen, da steht »Danish Butter Cookies« drauf, und das ist vielleicht nicht ganz so weihnachtlich. Aber wenn man sie schon mal hat, kann man sie ja auch verwenden, sagt Mama.

Man kann schließlich nicht immerzu Geld für neue Dosen ausgeben.

Tieneke und ich haben noch ein bisschen aufgeräumt, weil die Küche nach unserem Backtag leider nicht mehr so schön ausgesehen hat, aber Mama hat gesagt, wir haben heute wirklich schon genug gearbeitet.

»Drei tolle Sorten Kekse!«, hat sie gesagt. »Und ganz ohne meine Hilfe! Weil ihr so fantastisch alleine klargekommen seid, hab ich den ganzen Keller geschafft.« Sie hat wirklich sehr zufrieden ausgesehen. Da hab ich mich gefreut. Nicht, weil der Keller aufgeräumt war, das ist mir ziemlich egal. Aber weil ich es schön finde, wenn Mama mich lobt.

Ein paar Kekse haben nicht mehr in die Dosen gepasst, obwohl Vincent und Jul auch schon welche abgekriegt hatten. »Wollt ihr dann nicht Oma und Opa Kleefeld ein paar Kekse vorbeibringen?«, hat Mama gefragt.

Und das wollten wir natürlich. Dass wir da nicht selber draufgekommen waren!

Wir haben also von jeder Sorte ein paar Kekse auf unseren schönsten Teller mit Puderbär gelegt (einen weihnachtlichen Teller haben wir leider nicht. Aber ich finde, Puderbär ist auch ziemlich festlich), und dann sind wir durch die Pforte zum Nachbarhaus gelaufen.

Es war schon ganz dunkel, und bei Kleefelds stand in jedem Fenster ein Lichterbogen, der hat in der Dunkelheit weihnachtlich geleuchtet. Voisins hatten um ihren teuren Zaun mit den Goldkugeln eine Lichterkette gewickelt und in ihrem Vorgarten stand ein Rentierschlitten ganz aus lauter Glühbirnen. Mir ist sehr feierlich geworden, als ich das gesehen habe. Tieneke hat gesagt, ihr auch.

Opa Kleefeld hat die Haustür aufgemacht.

»Nanu?«, hat er gefragt. »So spät am Abend noch Besuch?«

Wir haben aber gesagt, dass wir ihm nur die Kekse vorbeibringen wollten, weil wir doch gebacken hatten, und er hat auch gleich in einen Mandel-Zimt-Batzen gebissen.

»Köstlich!«, hat Opa Kleefeld gerufen. »Ursel, komm mal, die musst du probieren!«

Tieneke hat gesagt, dass wir uns das Rezept selbst ausgedacht haben. Das war ja nur ein bisschen geschwindelt.

»Ihr seid ja die reinsten Bäcker!«, hat Opa Kleefeld gesagt.

Und Oma Kleefeld hat gesagt, sie findet unsere Kekse auch ganz wunderbar lecker. Auf dem Weg zurück haben Tieneke und ich beschlossen, dass wir vielleicht Bäckerinnen werden wollen. Weil das Glasieren so viel Spaß macht.

Dann mussten wir leider noch Hausaufgaben machen.

Und man stelle sich vor, in der Arbeit sind doch tatsächlich ganz viele Wörter drangekommen, die wir beim Backen geübt hatten! Herrlich und weihnachtlich und gruselig und matschig und sogar begriffsstutzig! Als wir die Arbeit zurückgekriegt haben, hatte ich nur einen Fehler und Tieneke zwei. Da haben unsere Mütter sich sehr gefreut.

Ich hab gedacht, dass man vor Klassenarbeiten vielleicht viel öfter mal backen sollte.

Jetzt will ich noch das Rezept für die Haselnussfreuden aufschreiben.

### Rezept für Haselnussfreuden

*Man muss drei Eier mit 250 Gramm Zucker im Rührgerät vermischen. Dann rührt man noch 250 Gramm gemahlene Haselnüsse darunter. (Man kann sie vorher selbst mahlen. Es gibt sie aber auch schon fertig zu kaufen.) Dann ist der Teig schon fertig.*

*Mit zwei Teelöffeln hebt man kleine Häufchen auf das Backblech (mit Backpapier drunter) und auf jedes Häufchen kann man noch eine Haselnuss setzen. Ofen auf 150 °C (Umluft) schalten, 15 Minuten backen, fertig.*

*Manchmal pinseln wir noch Schokoladenglasur darüber. Das schmeckt auch gut. Man muss es aber nicht.*

## Lena und der Weihnachtsbasar

»Also damit muss jetzt aber Schluss sein!«, sagt Mama und lässt sich auf den Küchenstuhl plumpsen. »Sechzehn Aufgaben falsch von fünfundzwanzig!«

Auf dem Tisch steht der Adventskranz. Die Kerze ist schon ein bisschen heruntergebrannt, aber Lena ist es trotzdem kein bisschen weihnachtlich.

»Ja, leider, Mama«, sagt Lena. »Frau Schneider sagt, es war eine schwere Arbeit.«

»Schwer!«, ruft Mama böse und wedelt mit dem Mathezettel in der Luft herum. »Das kleine Einmaleins! Das habt ihr schon im letzten Jahr gelernt! Und da glaubst du immer noch, drei mal vier ist vierzehn!«

»Jetzt glaub ich das nicht mehr, Mama«, sagt Lena schnell. »Jetzt weiß ich das richtig. Die Arbeit war ja schon Freitag.«

»Na, das ist doch tröstlich!«, ruft Mama. »Dass du es jetzt wenigstens weißt! Aber sechzehn Aufgaben falsch von fünfundzwanzig, das ist ja schlechter als fünf!«

Lena zuckt die Achseln. Drei mal vier und fünf mal sechs und neun

27

mal zwei, das ist ihr alles egal. Später nimmt sie sowieso einen Taschenrechner. Oder sogar einen PC.

»Aber das werden wir jetzt mal ändern«, sagt Mama grimmig. »Da können wir schließlich was tun. Dann wird eben jetzt mehr geübt, liebes Fräulein! Und nicht so viel gedödelt! Du bist schließlich neun Jahre alt!«

»Mhm, bin ich«, sagt Lena vorsichtig. Vielleicht müsste sie nur was von Vorweihnachtszeit sagen und von guter Weihnachtsstimmung, damit Mama wieder freundlich wird, aber das traut sie sich nicht.

»Und mit dem Üben fangen wir jetzt gleich mal an«, sagt Mama und hält Lena den Mathezettel hin. »Du kannst in dein Zimmer gehen und die Berichtigung machen. Und ich kontrollier das dann nach!«

»Ja, Mama, das mach ich«, sagt Lena. Sie ist ganz froh, dass sie nicht mehr länger Mamas Geschimpfe hören muss.


Drei mal vier ist zwölf, denkt Lena, und drei mal acht ist irgendwas mit zwanzig. Aber was ist sechs mal sieben? Mathematik ist das grässlichste Fach auf der Welt.

»Na, Lena, wie geht es?«, ruft Mama aus der Küche. »Bist du gleich fertig?«

Lena nickt. Obwohl Mama das in der Küche ja nicht sehen kann. Aber hören könnte sie Lena sowieso auch nicht. Weil sie sich nämlich die Kassette mit den Weihnachtsliedern angemacht hat. Ganz laut.

Und in Wirklichkeit ist Lena auch noch lange nicht fertig. Erst drei Aufgaben hat sie gerechnet und schreckliche sechzehn sollen es werden.

»Was hast du gesagt?«, fragt Mama und steckt ihren Kopf zur Tür herein. Die Weihnachtsmusik wird lauter. »Tut mir leid, dass ich vorhin so geschimpft habe, Lena. Ich hab heute Nacht zu wenig geschlafen, da bin ich dann immer leicht gnatterig.« Sie beugt sich über Lenas Schulter. »Aber jetzt …!«, sagt Mama.

Dann stößt sie einen merkwürdigen Laut aus.

»Lena!«, ruft sie. »Acht mal drei ist vierundzwanzig! Und drei mal fünf ist fünfzehn! Das ist ja wieder alles falsch!«

Lena duckt sich ganz tief über ihr Heft. Jetzt soll Mama bloß nicht wieder schimpfen. Schließlich kann Lena nichts dafür, wenn sie nicht so gut rechnen kann. Sie hat sich wirklich Mühe gegeben.

Aber diesmal schimpft Mama auch gar nicht. Sie holt nur einmal tief Luft und setzt sich auf die Kante von Lenas Schreibtisch. »Das üben wir jetzt, bis es klappt«, sagt Mama energisch. »Das ist nämlich gar nicht so schwer. Du wirst sehen, die nächste Arbeit ist dann schon besser.«

Lena nickt und schiebt ihren Stuhl zurück. »Ja, machen wir, Mama«, sagt sie. Da kann sie sowieso nichts mehr ändern. »Aber jetzt hab ich Training. Heute Abend üben wir das.«

Das Training darf Lena auf keinen Fall verpassen. Sonst ist sie am Sonntag nicht fit. Und dann wird sie vielleicht nicht aufgestellt. Aber Mama hat doch schon wieder vergessen, dass sie auf sich aufpassen muss, weil sie schlecht geschlafen hat. Jetzt schimpft sie schon wieder.

»Zum Training?«, schreit Mama. »Wo du Mathe üben sollst? Wo die letzten drei Arbeiten schon so schlecht waren? Aber du denkst natürlich immer nur an Fußball!«

Mama springt auf. »Das wird jetzt mal anders, mein Kind!«, ruft sie, und fast wäre der Schreibtisch unter ihr umgekippt. »Jetzt wirst du

mal lernen, was wichtig ist! Der Fußball wird bis Weihnachten auf
dich verzichten müssen! Du denkst ja sonst an nichts anderes mehr!«
Und Mama geht aus dem Zimmer und knallt die Tür hinter sich zu.
Das darf Lena nie. Auch nicht, wenn sie zu wenig geschlafen hat.
Lena setzt sich auf ihr Bett und nimmt Bollermann auf den Schoß,
das ist ihr riesiger Stoffhund mit dem einen Ohr, den sie jedes Mal
unter der Bettdecke versteckt, wenn ihre Freundinnen kommen.
»Die ganze Weihnachtsfreude macht sie mir kaputt, Bollermann!«,
sagt Lena. »Wie soll ich mich da denn weihnachtlich fühlen, wenn
die Mannschaft wegen mir verliert!«

Bollermann guckt sie an, wie er sie immer anguckt, und das bedeutet, dass er ihr recht gibt.

»Es ist ein Notfall«, sagt Lena. »Da darf man mal schummeln. In Notfällen darf man.«

Die Zimmertür geht auf. »Redest du jetzt schon mit dir selber?«, fragt Mama und lacht.

Lena steht auf und lässt Bollermann neben sich aufs Bett plumpsen. »Katrin hat mich gefragt, ob ich mit ihr zum Töpfern komme«, sagt sie. Und das ist nicht mal gelogen.

»Du warst prima heute, Lena«, sagt Herr Köster, als sie nach dem Training in die Umkleideräume gehen. Alle Jungs gehen links, und Lena geht ganz alleine rechts, das findet sie doof. Aber mit den Jungs umziehen mag sie sich auch nicht so gerne.

»Bis zum nächsten Mal«, sagt Lena. Da muss ihr für Mama auch noch eine Ausrede einfallen. Aber bis dahin ist ja noch Zeit.

»Gestern war das wieder toll!«, sagt Katrin, als sie in der Pause mit Lena zum Rutscheberg geht. »Ich hab eine Vase getöpfert. Und weißt du, was wir am Sonntag machen?« Sie guckt Lena an, aber Lena packt gerade ihr Brot zurück in die Brotdose. Schon wieder Salami.

»Wir machen einen Weihnachtsbasar!«, ruft Katrin. »Im Jugendzentrum! Und das Geld spenden wir für Kinder in Afrika. Damit die nicht verhungern.«

»Mhm, das soll man ja tun«, sagt Lena düster. Die Kinder in Afrika interessieren sie im Augenblick nicht so besonders. Lena interessiert viel mehr, woher sie die ganzen getöpferten Weihnachtssachen kriegen soll. Für Oma und für Opa und für Tante Gabi auch noch. Damit Mama ihr glaubt, dass sie wirklich zum Töpfern geht. Und nicht mehr zum Fußball.

»Vier Aschenbecher brauch ich ja sowieso nicht!«, sagt Katrin. Sie hält Lena ihr Brötchen hin. »Wo bei uns doch gar keiner raucht! Da kann ich die prima verkaufen.« Und sie setzt sich oben auf die Rutsche und rutscht mit wildem Tempo den ganzen Rutscheberg hinunter. Und Lena steht oben und starrt Katrin nach.

Samstag ist ein guter Tag, das hat sich Lena überlegt. Am Samstag gehen die Leute in der Vorweihnachtszeit alle einkaufen, und wenn Lena sich da mit ihrem Flohmarkt vor das Kaufhaus setzt, hat sie das Geld für die Aschenbecher, die sie Katrin abkaufen will, bestimmt schnell verdient.

Lena guckt in ihr Spielzeugregal. Mama sagt schon lange, dass sie da mal gründlich ausmisten müssen, und das will Lena jetzt tun. Der ganze Babykram kann weg, der Nachziehhund mit den Wackelohren, mit dem sie manchmal noch feine Dame spielt, und die Plüschsonne, die »Schlaf, Kindchen, schlaf« klimpert. Und das kleine Plastik-Xylophon und die Blechtrommel auch.

»Lena?«, ruft Mama aus der Küche. »Bist du angezogen?«

Lena nickt. »Jaha!«, ruft sie zurück.

Und dann noch der grässliche Lesekasten. Der ist sowieso noch wie neu. Mit dem hat Lena ja nie gespielt.

»Lena?«, ruft Mama.

Lena stopft die Sachen in ihren Ranzen und läuft an der Küche vorbei. Ihre Jacke schnappt sie nur schnell vom Haken, dann macht sie die Wohnungstür auf.

»Ich muss noch mal weg!«, ruft Lena und zieht die Wohnungstür hinter sich zu, bevor Mama ihr nachkommen kann. Aber als sie unten auf der Straße ist, steht Mama oben am Küchenfenster und sieht ihr nach. Und sie sieht nicht mal unfreundlich aus.

Vor dem Kaufhaus steht ein Weihnachtsmann im roten Mantel und mit einem Sack auf dem Rücken. »Na, meine Kleine?«, sagt er, als Lena neben der großen Eingangstür ihren Ranzen abnimmt. »Kennst du denn auch ein Weihnachtsgedicht?«

Lena starrt den Weihnachtsmann an. Früher hat sie denen immer Gedichte gesagt, auch als sie nicht mehr an den Weihnachtsmann glaubte. Weil die Weihnachtsmänner meistens Bonbons dabeihaben nämlich. Oder kleine Schokoriegel oder Jo-Jos. Es kommt immer darauf an, vor welchem Geschäft sie stehen. »Nee, ich mach hier Flohmarkt«, sagt Lena und guckt, wo sie sich am besten hinsetzen kann. Es ist ein fürchterliches Gedränge, genau wie sie es sich vorgestellt hat. Lena muss aufpassen, dass die Leute ihr nicht auf die Sachen treten.

Der Weihnachtsmann geht auf eine Frau zu, die zwei winzige Kinder an der Hand hat.

»Na, kannst du denn auch ein Weihnachtsgedicht, mein Kleiner?«, sagt er und legt dem winzigen Jungen eine Hand auf den Kopf. Mit der anderen greift er schon in seinen Sack. Gleich will er dem Jungen was schenken.

Aber der winzige Junge will nichts geschenkt. »Mama!«, schreit er und jetzt fängt seine Schwester auch an zu schreien, und da packt die Frau alle beide noch fester und zieht sie an Lena vorbei ins Kaufhaus. Lena starrt ihr düster hinterher.

Wenn jetzt alle Kinder Angst vor dem Weihnachtsmann haben,

bleibt bestimmt keiner stehen. Und wie soll Lena dann ihre Sachen verkaufen? Lena seufzt. Das kann ja kein Mensch glauben, dass man im Leben so viele Probleme haben kann. Und nur wegen einem blöden Fach wie Mathe.

35

Leider hat Lena keine Uhr mitgenommen, darum weiß sie nicht, wie lange sie schon da sitzt. Aber bestimmt schon fürchterlich lange. Verkauft hat sie trotzdem kein Stück. Zu Weihnachten wollen die Leute alle nur neue Sachen kaufen.

Einmal hat der Weihnachtsmann Lena einen Schokoriegel gegeben, ganz ohne Gedicht. Aber trotzdem möchte Lena am liebsten weinen. Morgen ist der Basar im Jugendzentrum und sie hat noch keinen Cent verdient.

Lena zieht den kleinen Wackelhund an seiner Schnur ein bisschen hin und her, dass er knattert. Aber niemand bleibt stehen.

Und dann bleibt doch jemand stehen. »Na, Lena?«, sagt eine Stimme. Eine Stimme, die Lena gut kennt. »Das ist ja eine Überraschung. Was tust du denn hier?«

Lena guckt an den Beinen nach oben. »Guten Tag, Frau Schneider«, sagt sie, und sie merkt, wie ihr Gesicht ganz rot wird. Warum muss jetzt ausgerechnet ihre Mathelehrerin kommen? Die hat ihr schließlich alles eingebrockt! Bestimmt schickt sie Lena nach Hause, und dann ist Frau Schneider auch noch schuld, wenn Lena keine Töpfersachen kaufen kann. Mathelehrer sind die schlimmsten.

»Wissen denn deine Eltern Bescheid?«, fragt Frau Schneider und hebt den Lesekasten hoch. »Haben die dir das erlaubt?«

Jetzt bummert Lenas Herz ganz wild. »Im Jugendzentrum ist morgen Basar«, flüstert Lena. »Und das Geld ist für hungrige Kinder in Afrika. Und dafür muss ich noch was verdienen!« Lena merkt, wie ihre Stimme zittert, aber da unterbricht Frau Schneider sie auch schon.

»Und darum sitzt du jetzt hier in der Kälte und verkaufst deine Sachen?«, fragt sie verblüfft. »Damit du Geld für Afrika hast?«

Lena nickt. Eine Träne läuft langsam ihre Backe herunter. Sie ist schlecht in Mathe und sie darf nicht mehr Fußball spielen und keiner will ihre Sachen kaufen. Und jetzt hat Frau Schneider sie auch noch erwischt.

»Du willst mit dem Geld gar nichts für dich kaufen?«, fragt Frau Schneider wieder. Sie sieht aus, als ob sie es nicht glauben kann.

Lena schüttelt den Kopf. Natürlich ist das Geld eigentlich für die Töpfersachen. Aber auch für die hungrigen Kinder. Wenn Lena sich Töpfersachen kauft und wenn das Geld dafür nach Afrika geht, dann ist Lenas Flohmarkt doch eigentlich für Afrika. Das ist überhaupt nicht gelogen.

»Aber da musst du doch nicht weinen, Lena!«, sagt Frau Schneider. Jetzt hat sie Lenas Tränen gesehen. »Das ist doch schön von dir! Und hat auch schon jemand was gekauft?«

37

Lena schüttelt den Kopf und wischt sich mit dem Mantelärmel über das Gesicht. Ein Taschentuch wäre nicht so kratzig.

»Na, das müssen wir ändern«, sagt Frau Schneider energisch. »Wo du so eine gute Tat tun willst! Sieben Euro für den Hund und das Lesespiel?«

Lena zieht die Nase auf. Sieben Euro, das reicht bestimmt schon fast.

»Dann noch weiter viel Glück!«, sagt Frau Schneider. »Und erzähl mir am Montag mal, wie viel zusammengekommen ist!«

Manchmal sind Mathelehrer die schlimmsten, denkt Lena. Manchmal. Aber manchmal auch nicht.


Und Frau Schneider hat ihr wirklich Glück gebracht. Über dreizehn Euro hat Lena am Ende verdient, das ist mehr, als sie braucht.

»Na, zum Essen bist du ja grade noch pünktlich«, sagt Papa, als er die Tür aufmacht. Dabei guckt er auf Lenas Ranzen. »War's schön?«

»Ja, danke!«, sagt Lena und flitzt an ihm vorbei in ihr Zimmer.

Sie reißt einen Zettel von ihrem Malblock. Viermal muss Lena rechnen, aber dann hat sie es raus. Dreizehn Euro fünfundsiebzig, das ist ziemlich viel. Dafür kriegt sie bestimmt reichlich Aschenbecher. Auch noch für Onkel Wernfried mit.

In diesem Moment geht die Tür auf.

»Lena?«, sagt Mama.

Lena schiebt den Zettel blitzschnell unter die Schreibunterlage. Aber Mama ist natürlich schneller.

»Was hast du denn da?«, fragt sie und legt ihre Hand fest auf Lenas Hand. Sie starrt auf den Zettel. Dann holt sie einmal tief Luft.

»Lenamaus, ich freu mich ja so!«, sagt Mama und strubbelt Lena durch die Haare. »Dass du jetzt freiwillig so viel rechnest! Und wo du heute Morgen warst, das wissen wir natürlich auch.«

»Das wisst ihr auch?«, flüstert Lena.

Bestimmt wird Mama gleich fürchterlich schimpfen. Weil Lena einfach Flohmarkt gemacht hat. Ohne Mama zu fragen. Da muss sie doch fürchterlich schimpfen.

»Natürlich weiß ich, wo du warst!«, ruft Mama. »Bei Katrin bist du gewesen! Rechnen üben! Na, hab ich es erraten?«

Lena merkt, wie ihr ganz heiß wird. »Bei Katrin war ich doch gar nicht!«, flüstert sie.

Aber das will Mama nicht hören. »Du brauchst doch nicht zu schwindeln!«, ruft sie fröhlich. »Da freuen wir uns doch! Als ich dich heute Morgen gesehen hab, wie du mit deinem Ranzen losgezogen bist, hab ich es gleich gewusst!«

»Ja, freust du dich, Mama?«, sagt Lena.

Aber jetzt kommt auch noch Papa ins Zimmer, und der hat etwas in der Hand, das lässt Lena das Herz gleich wieder in die Hose rutschen. Ihr Turnbeutel ist das in Papas Hand! Den hatte sie doch vorsichtshalber hinter den Mülltonnen versteckt! Und sie hatte gedacht, da wäre er sicher.

»Na, Lena?«, sagt Papa und lässt den Beutel an seinem Band kreiseln. »Hast du mir vielleicht was zu sagen?«

Lena guckt auf den Schreibtisch, wo immer noch der Zettel mit den Zahlen liegt. Jetzt hat er es also doch noch rausgekriegt.

Lena schüttelt den Kopf. Dann zuckt sie die Achseln. Reden kann sie jetzt nicht.

Aber dafür redet Mama schon wieder. »Nun lass doch das Kind mal in Ruhe!«, sagt Mama. »Wo sie jetzt sogar am Wochenende zu ihrer

Freundin geht, um zu üben! Und eben hat sie schon wieder gerechnet.« Und Mama hält Papa den Rechenzettel hin.

Papa starrt auf den Zettel. »Tatsächlich«, sagt er verblüfft. »Das Kind
verbringt seine Freizeit mit Rechnen.« Dann hält er wieder den
Turnbeutel hoch. »Und warum, verflixt, hast du dein Sportzeug versteckt?«

Lena guckt Mama Hilfe suchend an. Mama weiß doch immer die
Antwort. Die schöne richtige falsche. Warum Lena mit ihrem Ranzen weggegangen ist und warum sie Rechenzettel unter der Schreib-
matte versteckt. Vielleicht weiß Mama ja auch jetzt die Erklärung.

Und die weiß Mama tatsächlich. »Meine Güte, dass du das nicht
verstehst!«, ruft sie. »Lena hat eben Angst gehabt, dass wir ihr ihre
Fußballsachen ganz wegnehmen! Wo wir ihr doch das Spielen verbo-

ten haben!« Mama legt ihren Arm um Lenas Schultern und drückt sie ganz fest. »Aber es war trotzdem nicht richtig von dir, Lena, dass du den Beutel einfach versteckt hast. Im Regen wäre doch alles aufgeweicht!«

»Mhm, ja, ist gut«, sagt Lena und geht mit Mama und Papa zum Mittagessen. Langsam wird alles ein fürchterlicher Kuddelmuddel.

Mit ihrem Turnbeutel kann sie ja nicht mehr aus dem Haus gehen, darum muss Lena ihre Fußballsachen in den Ranzen stecken, als sie am Sonntagmorgen zum Freundschaftsspiel geht. Wenn Mama und Papa jetzt wieder das Falsche denken, ist sie nicht daran schuld.

»Aber Lena, du brauchst doch nicht …!«, ruft Mama, als Lena mit ihrem Ranzen an der Wohnzimmertür vorbeigeht. Und Papa sagt gleichzeitig: »Am Sonntag ist das nun wirklich nicht nötig!«

Aber da hat Lena schon die Wohnungstür hinter sich zugezogen und flitzt durchs Treppenhaus. Und wie gut, dass sie gegangen ist! Weil sie nämlich tatsächlich zwei Tore schießt und Jonas schießt keins. Da fühlt Lena sich so gut, dass sie den ganzen Kuddelmuddel zu Hause fast vergisst.

Und dann kommt auch noch der Fotograf von der Zeitungsbeilage, und als er Lena sieht, kriegt er ganz glückliche Augen.

»Dich stellen wir vorne hin!«, ruft er. »Und dann hältst du den Ball! Als Torschützenkönig!«

Und als Lena ihm erklärt, dass sie aber gar nicht der Mannschaftskapitän ist, ist ihm das egal. Ein Mädchen beim Fußball macht sich immer gut.

Da geht Lena ganz fröhlich nach Hause, und erst im Treppenhaus fällt ihr wieder ein, dass sie Mama und Papa ja gar nichts erzählen darf. Nichts von den Toren, die sie geschossen hat, und nichts von den Fotos.

Das ist eigentlich ziemlich schade.

Als Lena nach dem Mittagessen schon wieder mit dem Ranzen aus dem Haus will, wird Papa richtig böse.

»Nein, Lena!«, sagt er, als er sie die Tür aufmachen hört. »Nein, jetzt ist es wirklich genug! Du denkst ja nur noch ans Rechnen!«

»Oh, bitte, Papa!«, sagt Lena verzweifelt. Sie muss doch jetzt zum Basar! »Noch dieses eine Mal, bitte, bitte!«

»Ach, Kind!«, sagt Papa und seufzt. »Wenn wir gewusst hätten, dass dieses Fußballverbot dich so unter Druck setzt …«

»Nur noch dieses einzige Mal!«, flüstert Lena. Papa nickt. »Na, dann geh schon«, sagt er und hält ihr die Tür auf. »Aber über dieses Fußballverbot muss ich mit Mama reden.«

Beim Weihnachtsbasar kauft Lena sechs Aschenbecher und eine Vase und ein komisches kleines Ding, von dem Katrin sagt, es ist ein Hase und nur so zum Hinstellen.

Und hinterher hat Lena sogar noch genug Geld, um sich einen Kakao zu kaufen und ein Stück Schokoladenkuchen mit Streuseln. Weil das Geld doch für einen guten Zweck ist, gibt sie alles ratzfatz aus.

Zu Hause versteckt sie die Sachen im Bettkasten, und am Abend sagen Mama und Papa, dass Lena nun doch wieder Fußball spielen darf. Kein Mensch kann immer rechnen.

Da gibt Lena beiden einen riesengroßen Kuss und dann schläft sie ganz wunderbar gut. Und als sie am Montag eine Mathearbeit schreiben mit lauter schwierigen Zahlen, findet Lena die plötzlich ganz leicht. Das ist ihr ziemlich unheimlich. Aber dann schielt sie einmal kurz zu Katrin rüber und die hat überall das Gleiche raus.

Erst als sie nach Hause kommt, wird es doch wieder schlimm. Aus dem Wohnzimmer hört Lena die Weihnachtsliederkassette und in der Küche zischt der Dampftopf. Und Mama macht ganz schmale Augen und sagt gar nicht: »Na, Lenamaus«, und auch nicht: »Hallo, mein Schatz.« Sie winkt Lena nur einfach in ihr Kinderzimmer. Ohne ein einziges Wort.

Da stehen die getöpferten Sachen auf Lenas Schreibtisch, sechs Aschenbecher, eine Vase und ein komisches kleines Ding, das ein Hase nur so zum Hinstellen ist. Und Lenas Bett ist ganz wunderbar gemacht und die Bettdecke ist im Bettkasten.

»Also?«, sagt Mama. »Kannst du mir das wohl erklären?« Diesmal erklärt sie nicht selbst.

»Das sind getöpferte Sachen«, flüstert Lena. Aber sie weiß schon, dass es nicht gut gehen kann.

»Acht Sachen in nur zwei Töpferstunden?«, ruft Mama. »Willst du mich auf den Arm nehmen?« Lena schüttelt den Kopf.

»Und was ist denn das, bitte sehr?«, ruft Mama wieder. Sie dreht einen Aschenbecher um. Auf der Unterseite klebt ein klitzekleines Preisschild, das haben die Töpferkinder mit Filzstift gemalt. »Ich lass mich doch hier nicht betrügen!«, ruft Mama, und da fängt Lena an zu weinen, weil doch gerade alles so gut war, und nun ist es wieder so schrecklich.

»Es war doch nur wegen dem Fußball«, sagt Lena, und weil Mama so fürchterlich böse ist, dauert es ziemlich lange, bis sie zusammen am Küchentisch sitzen und Mama sich die ganze Geschichte anhört. Mama trinkt einen Kaffee und Lena trinkt einen Kirschsaft, und zwischendurch muss Mama noch manchmal schimpfen und Lena muss weinen. Aber dann ist alles fertig erzählt.

»Das will ich niemals wieder erleben!«, sagt Mama. »Dass du uns nach Strich und Faden betrügst!«

»Ich hab aber kein einziges Mal gelogen!«, sagt Lena und wischt sich mit dem Ärmel über die Nase.

»Jaja, ich weiß doch!«, sagt Mama. »Aber betrogen hast du uns trotzdem! Und das weißt du auch selber.«

Lena nickt. Natürlich hat sie geschummelt. Aber sie konnte ihre Mannschaft doch nicht einfach im Stich lassen.

»Und von uns war das nicht richtig mit dem Fußballverbot«, sagt Mama. »Das war unser Fehler, Papas und meiner.« Das findet Lena auch.

Aber eigentlich ist nun doch alles richtig gut. So viele schöne getöpferte Weihnachtsgeschenke hätte Lena ja sonst nie gehabt.

# King-Kong, das Weihnachtsschwein

Als Jan-Arne am Montag aus der Schule kommt, hat er richtig schöne Weihnachtslaune. Den ganzen Morgen hat es so doll geschneit, dass sie in der Klasse alle gar nicht richtig aufpassen konnten. Da durften sie ausnahmsweise mitten in der Stunde auf den Schulhof gehen und eine Schneeballschlacht machen. In Sachkunde.

»Tschüs, Michi!«, ruft Jan-Arne, als er zu Hause aus dem Fahrstuhl steigt. »Du kannst mich nachher ja abholen! Aber mit Schlitten!« Dann drückt er auf den Klingelknopf.

Jan-Arnes Schlitten ist letzten Winter kaputtgegangen. Bestimmt kriegt er zu Weihnachten einen neuen. Aber bis dahin muss er eben den von Michi nehmen.

Mama macht die Wohnungstür auf. Dann verschwindet sie blitz-schnell wieder in der Küche.

»Sekunde!«, ruft sie.

Im Flur duftet es ganz wunderbar.

»Kekse!«, ruft Jan-Arne und reißt die Küchentür auf. »Manno, Mama! Du hast ja die ganzen Weihnachtskekse ohne mich gemacht!«

Mama kniet vor dem Backofen und zieht mit dem großen Back-handschuh das mittlere Blech heraus. Der Backhandschuh hat zwei

kleine braune Brandlöcher und
sieht aus wie ein Osterhase. Das
passt doch nun wirklich nicht
zur Weihnachtsbäckerei.
Mama stellt das Backblech
auf die Ablage neben der
Spüle. Dann dreht sie sich
zu Jan-Arne um.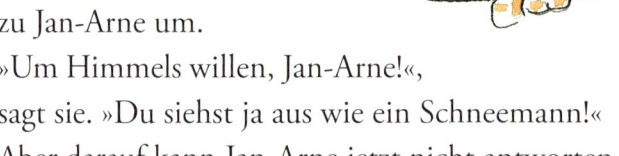

»Um Himmels willen, Jan-Arne!«,
sagt sie. »Du siehst ja aus wie ein Schneemann!«
Aber darauf kann Jan-Arne jetzt nicht antworten.
»Du hast die ohne mich gemacht!«, sagt er wieder böse. »Die Weihnachtskekse! Als ich in der Schule war!«
Weihnachtskekse-Backen ist vor Weihnachten immer fast Jan-Arnes
Lieblingssache. Dabei gibt es vor Weihnachten ja wirklich genug
schöne Sachen. Und nun hat Mama das ganz alleine ohne ihn gemacht! Und ihm hat sie vorher noch nicht mal Bescheid gesagt! Da
ist seine ganze schöne Schnee-Weihnachtsstimmung auf einen Schlag
verschwunden.
Aber Mamas leider auch.
»Wie ein Schneemann siehst du aus!«, sagt sie noch
mal und zeigt auf Jan-Arnes Stiefel. Da schmilzt
gerade ganz langsam und grau der Schnee. Wo
Jan-Arne steht, ist auf dem Küchenboden schon
eine kleine graue Pfütze. »Was glaubst du
wohl, warum ich extra den Wischlappen ins
Treppenhaus gelegt habe? Stiefel aus! Du
saust mir hier doch alles ein!«

»Manno!«, sagt Jan-Arne. Die Kekse duften genau richtig weihnacht-lich und sehen aus, wie Weihnachtskekse aussehen müssen. Und er durfte nicht mitbacken! Aber Mama redet natürlich mal wieder nur vom Dreck. Dabei ist in der Küche doch Fliesenboden. Den kann man schließlich wischen.

»Zieh die Stiefel aus!«, sagt Mama. »Dann erklär ich dir das.«

»Und darum musste ich doch wenigstens schon ein paar Plätzchen backen, das verstehst du doch! Damit ich morgen Abend was zum Mitnehmen hab«, sagt Mama beim Mittagessen. Es gibt Pizza, das ist wenigstens gut. Weil Mama vor der Arbeit Plätzchen backen wollte, konnte sie nicht auch noch richtig kochen.

Morgen Abend ist die Weihnachtsfeier von Mamas Kegelkreis, das hat sie Jan-Arne gerade erklärt. Dafür will sie kleine Tannengestecke basteln und für die braucht sie die Kekse. Aber dann hätte sie mit dem Backen doch auch noch bis morgen warten können! Oder we-nigstens bis zum Nachmittag. Damit Jan-Arne mitmachen kann.

»Dann hätte ich das mit den Gestecken doch nicht mehr geschafft! Da sollen die Kekse doch dran!«, sagt Mama und zeigt auf einen Hau-fen Tannenzweige, der auf Zeitungspapier auf der Arbeitsplatte liegt. Sie nimmt Jan-Arnes Teller. »Und wir beiden backen am Wochen-ende zusammen sowieso noch mal richtig viele Kekse, okay? Noch Pizza?«

»Meinetwegen!«, sagt Jan-Arne. Das kann heißen, dass er meinetwe-gen noch ein bisschen Pizza will. Oder meinetwegen Kekse backen.

Und dann wird der Nachmittag doch noch richtig gemütlich. Rich-tig weihnachtlich wird der. Mama hat eine Weihnachtslieder-CD eingeschoben und jetzt sitzt sie am Küchentisch und summt mit und bastelt kleine Weihnachtsgestecke aus den Tannenzweigen auf dem Zeitungspapier. Da kommt dann immer eine winzige rote Kerze drauf und einen Keks bindet Mama mit Nähgarn auch noch am Gesteck fest.

»Was sagst du dazu?«, fragt Mama, als sie die ersten drei Gestecke fertig hat. Sie braucht aber noch fünf mehr. Weil sie doch in ihrem Kegelkreis sogar acht Frauen sind.

»Cool«, sagt Jan-Arne, ohne hochzugucken.

Ganz ausnahmsweise darf er in der Küche seine Hausaufgaben machen. Damit er auch was mitkriegt von der schönen Vorweihnachtsstimmung, sagt Mama.

»Zwölf mal neun?«, fragt Jan-Arne.

Mama hat ihre Zungenspitze fest zwischen die Lippen geklemmt und balanciert ganz, ganz vorsichtig eine winzige rote Kerze in den winzigen Kerzenhalter auf dem winzigen Tannengesteck. »Na, zwölf mal neun wirst du doch wohl noch wissen!«, sagt sie. »Ich muss jetzt los, Jan-Arne. Die Arbeit wartet nicht.«

Und sie steht auf und wuschelt Jan-Arne durch die Haare. »Ein paar Kekse lass ich dir hier zum Essen. Aber nicht das Schwein damit füttern! Das ist nicht gut für Meerschweinchen! King-Kong ist sowieso schon zu fett!«

»Ist der gar nicht!«, sagt Jan-Arne. King-Kong ist sein Meerschwein-chen-Weibchen und das Liebste, was er hat auf der Welt. Aber so-wieso legt Mama gerade nur so ungefähr fünf Kekse für ihn auf eine Untertasse. Die braucht er alle selbst. Da kann er King-Kong gar nicht auch noch welche abgeben.

»Und King-Kongs Käfig kannst du auch mal wieder sauber machen! Ich bin fast in Ohnmacht gefallen, als ich vorhin in deinem Zimmer war«, sagt Mama. »Da stinkt es ja wie im Affenkäfig!« Dann nimmt sie die winzigen Tannengestecke eins nach dem anderen und legt sie auf den Boden zwischen der Waschmaschine und dem Kühlschrank. Mit der Hand fegt sie die Tannennadeln vom Tisch. »Also Käfig put-zen, mein Schatz! Und zwar noch heute!« Und sie drückt ihm einen zerquetschten Kuss auf die Wange. »Und putz den auf keinen Fall in der Küche, hörst du? Da gehört der Meerschweinchen-Dreck nicht hin, das ist unhygienisch! Ich geh jetzt.«

Als Jan-Arne mit den Hausaufgaben fertig ist, könnte Michi eigent-lich kommen. Mit Schlitten. Auf dem Rasen zwischen den Hoch-häusern ist ein Berg, der ist vielleicht nicht ganz so hoch wie ein Zimmer, aber zum Rodeln ist er gut. Vor allem, wenn sich da alle Kinder aus den Hochhäusern drängeln.

Aber erst mal kann Jan-Arne ja noch warten.

»Und putzen!«, sagt er entschlossen. Da hat King-Kong doch eigent-lich Glück, dass Michi noch nicht da ist. Da putzt Jan-Arne seinen Käfig mal ganz blitzeblank. Und Papa freut sich dann auch, wenn er nach Hause kommt. Der kräuselt sonst immer seine Nase, wenn er an Jan-Arnes Zimmer vorbeigeht.

»Sind wir hier im Zoo, oder was?«, sagt er dann. »So, wie das hier riecht?« Aber heute Abend freut sich Papa bestimmt. Heute Abend riecht es in der Wohnung nur nach Weihnachtskeksen und Tannen-zweigen.

Jan-Arne geht in sein Zimmer. Natürlich hat Mama nicht recht. Wie im Affenkäfig stinkt es da kein bisschen. Nur vielleicht wie im Schweinestall.

»Ach, Mensch, King-Kong!«, sagt Jan-Arne und hebt den Käfig hoch. »Dass du auch immer so viel kacken und pieschern musst!«

Aber das müssen Meerschweinchen nun mal, das müssen ja sogar Menschen. Und dafür, dass es keine Meerschweinchenklos gibt, kann King-Kong schließlich nichts. Er ist sogar ein sehr sauberes Schwein und macht immer nur in eine einzige Ecke. Eigentlich braucht Jan-Arne dann ja auch nur die sauber zu machen.

In der Küche stellt er den Käfig auf den Boden und hakt die Tür auf. »So, King-Kong!«, sagt Jan-Arne. »Jetzt hast du mal kurz frei. Jetzt kannst du einen kleinen Ausflug durch die Küche machen.« Und er hebt King-Kong aus dem Käfig und setzt ihn auf den Fliesenboden. Und genau in diesem Moment schlagen auf der Weihnachtslieder-CD ganz laut die Weihnachtsglocken und mit einem wilden Satz zischt King-Kong blitzschnell unter die Waschmaschine.

»Du Angsthase!«, sagt Jan-Arne. »Das war doch nur Weihnachtsmusik!« Aber damit kennen sich Meerschweinchen vielleicht nicht so aus.

Gerade als Jan-Arne die muffelige Streu aus der Käfig-Klo-Ecke geholt hat und überlegt, ob er den Rest vom Käfig vielleicht doch auch noch putzen soll, klingelt es an der Wohnungstür.

Vor der Tür steht Michi.

»Warte mal eben!«, sagt Jan-Arne und flitzt in die Küche. Jetzt muss er nur noch King-Kong in den Käfig zurück-setzen. Geputzt ist der ja schon. Jeden-falls die wichtige Ecke.

Aber King-Kong ist nirgends zu sehen. Wahrscheinlich hockt er noch immer unter der Waschmaschine. Dabei läuten die CD-Glocken doch schon lange nicht mehr.

»Du dummes Tier!«, sagt Jan-Arne. Jetzt hat er wirklich keine Zeit, King-Kong da rauszuholen. »Dann kannst du eben noch weiter deinen kleinen Küchenausflug machen, bis ich mit Rodeln fertig bin. Aber wehe, du machst Mist!«

Unter der Waschmaschine hört Jan-Arne es rascheln. Aber unter der Waschmaschine kann King-Kong ja eigentlich gar keinen Mist machen.

Als Jan-Arne nach dem Rodeln die Wohnungstür aufschließt, sieht er gleich, dass noch keiner zu Hause ist. Auf dem Wischlappen neben der Wohnungstür stehen keine Schuhe und im Flur brennt kein Licht. Dann ist es ihm immer ein bisschen gruselig, wenn er im Dunkeln von draußen nach Hause kommt.

»Ihr Kinderlein, kommet!«, singt Jan-Arne. Wenn man singt, ist es nicht mehr ganz so unheimlich. Dann knipst er das Licht an. Jetzt sieht alles wieder normal aus. Da braucht er sich überhaupt nicht mehr zu gruseln.

»King-Kong?«, ruft Jan-Arne und macht die Küchentür auf. »King-Kong, bist du noch da?«

Dann kniet er sich vor die Waschmaschine. Aber da ist King-Kong nicht. Auf dem Fußboden liegen verstreut Stroh und Streu und Körner und Fetzen von dem Zeitungspapier, mit dem Jan-Arne immer den Käfig auslegt. Und neben dem Küchentisch liegen gleich drei kleine Meerschweinchenschisse.

»Mensch, King-Kong, wo bist du denn?«

Daneben steht noch immer der Käfig, und Jan-Arne sieht sofort, dass es King-Kong unter der Waschmaschine langweilig geworden ist. Da ist er ganz alleine in seinen Käfig zurückgeklettert.

»Vielen Dank, allerliebster King-Kong!«, sagt Jan-Arne und macht eine Verbeugung wie im Zeichentrick. Dann trägt er den Käfig zurück in sein Zimmer.

Jetzt muss er nur noch den Küchenboden staubsaugen. Wenn Papa den Meerschweinchendreck in der Küche sieht, rastet er sonst aus. Papa findet Meerschweine in der Küche leider nicht so hygienisch.

»So, bitte sehr!«, sagt Jan-Arne zufrieden und stellt den Staubsauger hinter den Vorhang zwischen Tür und Putzschrank zurück. »Alles bestens jetzt.«


»Na, mein Großer!«, sagt Papa, als er nach Hause kommt. Er kommt auf Socken in den Flur. Seine Schuhe hat er ganz richtig im Treppenhaus gelassen. »Alles im grünen Bereich?«

Jan-Arne nickt. »Ich hab King-Kongs Käfig geputzt!«, sagt er. »Kannst du selber riechen!«

Papa kräuselt die Nase und schnuppert. »Tatsächlich!«, sagt er und schlägt Jan-Arne anerkennend auf die Schulter. »Hier riecht es ja gar nicht mehr wie bei den Affen! Hier riecht es wie in der Putzmittelwerbung.«

»Quatsch!«, sagt Jan-Arne und schüttelt den Kopf. Als ob man Werbung riechen könnte! Aber es ist doch schön, dass Papa so gute Laune hat.

»Wir haben noch Pizza für dich!«, sagt Jan-Arne.


Mama kommt immer spät von der Arbeit, da ist Jan-Arne schon im Bett. Darum sieht er sie erst beim Frühstück wieder.

»Morgen!«, ruft Jan-Arne und schleudert seinen Ranzen auf den Flur. Dann gibt er Mama einen Kuss auf die Wange.

Mama steht in der Küche in ihrem rosa Bademantel und streicht sein Schulbrot. Und leider sieht sie kein bisschen freundlich aus.

»Was sollte das?«, sagt sie böse. »Jan-Arne? Wieso hast du mir meine ganzen kleinen Gestecke ruiniert?«

»Was?«, fragt Jan-Arne. Er weiß wirklich nicht, wovon Mama spricht. Eigentlich hat er gedacht, dass sie ihn jetzt noch mal ganz doll für das Käfigputzen lobt.

»Da, bitte sehr!«, ruft Mama und hält ihm ein struppiges Ding vor die Nase. Das war gestern Mittag noch ein hübsches Tannengesteck, das kann Jan-Arne sehen. Mit Keks und Kerze und allem. Aber jetzt ist die Kerze aus dem Halter gebrochen und der Keks ist angeknabbert und einer von den kleinen Zweigen ist ganz kahl. »Was sollte

das?« Und jetzt hebt Mama noch ein zweites Gesteck hoch, und Jan-Arne sieht sofort, dass das auch ganz struppig ist.

»Das war ich nicht!«, ruft Jan-Arne empört. »Ich mach doch deine Weihnachtssachen nicht kaputt!«

»Machst du nicht?«, sagt Mama. »Und wer war das dann? Du warst wütend auf mich, weil ich ohne dich gebacken habe, und darum hast du …«

»Hab ich gar nicht!«, schreit Jan-Arne. Dass Mama so was von ihm denken kann! Sie müsste doch wissen, dass er so was niemals machen würde!

Mamas Stimme ist ganz klein und flach. »Und jetzt weiß ich gar nicht, wie ich das bis heute Abend noch schaffen soll!«, sagt sie. »Zur Kegelweihnachtsfeier! Dass du die Kekse isst, okay …«

»Hab ich nicht!«, schreit Jan-Arne.

»Aber dass du mir dann auch noch die Kerzen abbrichst …«

»Hab ich doch gar nicht!«, schreit Jan-Arne.

»… und sogar die Zweige zerrupfst!«, flüstert Mama, und Jan-Arne sieht, dass sie fast anfängt zu weinen. So enttäuscht ist sie also von ihrem Jungen! Und dabei hat Jan-Arne doch gar nichts gemacht! »Und alles nur, um dich zu rächen, weil ich ohne dich gebacken habe, oder wie?«

»Hab ich doch gar nicht, Mama!«, schreit Jan-Arne. Wie kann Mama nur so was von ihm denken! Und auch noch vor Weihnachten!

Und dann weiß er plötzlich, wer schuld ist.

King-Kong!, denkt Jan-Arne. Du dummes Schwein! Das kannst du doch nicht machen! Natürlich, King-Kong ist doch den ganzen Nachmittag allein in der Küche gewesen!

Aber wenn Jan-Arne Mama jetzt erzählt, dass er den Käfig doch in der Küche geputzt hat, wird sie bestimmt auch böse. Und Papa sagt dann wieder, dass er ja schon lange findet, das Meerschwein gehört abgeschafft. Da kann Jan-Arne King-Kong doch nicht verpetzen!

»Ich war das wirklich nicht, Mama!«, sagt Jan-Arne noch mal. »Heilig geschworen! Ich bin doch nicht gemein!«

Mama wischt sich mit dem Handrücken über die Augen. »Das hab ich bis jetzt auch immer gedacht«, sagt sie und zieht die Nase hoch, wie Mütter das eigentlich nicht sollen. »Aber wer soll das denn sonst gemacht haben? Papa ja wohl bestimmt nicht!« Und sie dreht sich wieder zur Arbeitsplatte und streicht wütend Leberwurst auf Jan-Arnes Schulbrot.

»Nee, Papa nicht«, flüstert Jan-Arne. Jetzt darf Mama nur nicht einfallen, dass es in dieser Wohnung ja noch jemanden gibt, der gerne Kekse isst.

Aber das tut es leider doch. »Und King-Kong war das ja nun bestimmt nicht!«, sagt Mama. »Der war ja gar nicht in der Küche. Und Kekse frisst der vielleicht, aber der frisst ja keine Tannennadeln!«

»Nee, das tut er nicht«, flüstert Jan-Arne. Aber da ist er sich plötzlich gar nicht mehr so sicher. »Vielleicht waren das Mäuse?«

Mama dreht sich mit einem Schwung zu ihm um. »Mäuse!«, schreit sie. »Hier oben, im dritten Stock? Willst du mich verarschen?«

Da weiß Jan-Arne, dass Mama wirklich richtig wütend ist. Oder richtig traurig. Solche Wörter sagt sie sonst nämlich nicht.

In der Schule hat Jan-Arne in der Pause gar keine Lust, mit den anderen Schneeballschlacht zu machen. Was soll er denn jetzt bloß tun? Wenn Mama und Papa glauben, dass er die Gestecke mit Absicht kaputt gemacht hat, um Mama zu ärgern, sind sie böse auf ihn. Aber wenn sie rauskriegen, dass King-Kong schuld ist, muss Jan-Arne ihn vielleicht wirklich weggeben. Das ist ja noch viel schrecklicher!

»Na, Jan-Arne?«, sagt Ajda. Sie war gestern auch mit auf dem Rodelberg. Und in Jan-Arnes Klasse geht sie auch. »Warum machst du denn gar nicht mit?«

»Keine Lust!«, sagt Jan-Arne. Die sollen ihn doch alle in Ruhe lassen.

»Nee, echt jetzt, keine Lust?«, fragt Ajda ganz lieb. »Nachher ist der Schnee aber vielleicht schon wieder weg!«

»Nee, keine Lust, sag ich doch!«, murmelt Jan-Arne.

Da kommt Michi angerannt. »Haha, Liebespaar, küsst euch mal!«, schreit er und schmeißt einen Schneeball gegen Jan-Arnes Beine. »Guck mal, die knutschen gleich!«

»Idiot!«, sagt Ajda und zeigt Michi einen Vogel. »Jan-Arne, wenn man traurig ist, muss man sein Herz ausschütten!«, sagt sie energisch. »Dann geht es einem gleich wieder besser. Sagt meine große Schwester.«

»Woher willst du denn wissen, dass ich traurig bin?«, fragt Jan-Arne. Ajda hat wirklich sehr hübsche Haare. Und ihre Augen sind auch

so lieb. Er seufzt. »Das ist nämlich wegen King-Kong«, sagt er. Und dann erzählt er ihr die ganze Geschichte. Sogar noch auf dem Weg in die Klasse, als es schon längst geläutet hat.

Ajda nickt. »Dein kleines Meerschweinchen hat das gemacht?«, fragt sie, und ihre Stimme klingt ganz lieb und weich. »Wie süß! Das weiß doch nicht, dass man das nicht darf! Da darf man doch nicht böse sein!« Sie zupft ihn am Ärmel. »Aber weißt du was, Jan-Arne? Weißt du was?«

»Ajda, kannst du dich jetzt bitte vielleicht auch mal zu deinem Platz begeben?«, sagt Frau Schröder. »Die Stunde hat angefangen!«

»Die sind ein Liebespaar!«, schreit Michi.

Ajda zwinkert Jan-Arne zu. »Ich weiß, was du machen musst!«, flüstert sie.

Dann ist sie schon an ihren Platz verschwunden.


»Du musst ihr einfach acht neue basteln!«, sagt Ajda in der nächsten Pause energisch. »Weihnachtsgestecke. Mit Kerzen und Keksen und allem. Und dann entschuldigst du dich bei deiner Mutter. Und dann ist alles wieder gut.«

»Wenn Mama doch aber immer noch glaubt, dass ich die vorher kaputt gemacht habe?«, sagt Jan-Arne. »Dann ist sie doch immer noch böse, dass ich so gemein zu ihr war! Und traurig.«

»Nee, weil du das doch bereust«, sagt Ajda. »Das heißt, dass es dir leidtut. Und ihr neue bastelst und alles. Meine Schwester sagt, wenn man bereut und sich entschuldigt und alles wiedergutmacht, dann ist auch alles wieder gut.«

»Echt wahr?«, fragt Jan-Arne. Vielleicht ist das nur bei den Türken so. Und nicht bei Mama und Papa. Aber versuchen kann er es ja mal.

Dann fällt es ihm ein. »Ich kann das aber doch nicht!«, sagt Jan-Arne. Gerade ist ihm wieder eingefallen, wie Mama ihre Zungenspitze immer so zwischen die Lippen geklemmt hatte. Kleine Weihnachtsgestecke sind schwierig. »Ich kann doch nicht so gut basteln!«

Ajda lacht. »Aber ich«, sagt sie.

Eigentlich darf Jan-Arne keine fremden Menschen mit in die Wohnung nehmen, wenn er Mama oder Papa nicht vorher gefragt hat. Aber so richtig fremd ist Ajda ja eigentlich nicht. Erstens geht sie auch in seine Klasse und zweitens wohnt sie schon gleich im nächsten Hochhaus. Da ist sie doch fast eine Nachbarin.

Und außerdem hat sie die schönste Schrift von allen Mädchen in der Klasse. Von den Jungs ja sowieso. Und kann am schönsten zeichnen. Und basteln kann sie auch gut.

»Ach, du meine Güte!«, sagt Ajda, als Jan-Arne die zerrupften Adventsgestecke aus dem Mülleimer geangelt hat. »Hat dein Schwein die ganzen Nadeln gefressen? Aber wenigstens weiß ich jetzt, wie die sein sollen.« Und dann legt sie gleich los.

»Soll ich uns Musik anmachen?«, fragt Jan-Arne und schaltet den CD-Player ein. »Weihnachtslieder?«

»Mhhm!«, sagt Ajda. »Oh, sind die Kerzen aber winzig!«

»Darfst du denn Weihnachtslieder?«, fragt Jan-Arne. »Die sind aber nicht türkisch!«

Ajda zeigt ihm einen Vogel. Leider rutscht ihr dabei die Kerze wieder aus dem Halter. »In der Schule sing ich die doch auch, Dummie!«, sagt sie. »Und Weihnachtskekse darf ich übrigens auch. Und Kerzen an.«

Da holt Jan-Arne den Adventskranz aus dem Wohnzimmer und zündet drei Kerzen an, weil doch der dritte Advent schon vorbei ist,

und dann tut er noch ein paar von den gekauften Keksen auf einen Blechteller mit Weihnachtsmann drauf. So gut wie selbst gebacken schmecken die nicht, aber weihnachtlich sind sie trotzdem. Danach guckt er nur noch zu, wie Ajda mit Mamas Küchenschere kleine Tannenzweige abschneidet und mit Blumendraht zusammenbindet und die Kerze feststeckt und einen Keks anhängt. Kann sein, sie kann das sogar besser als Mama, ihre Zunge klemmt sie jedenfalls nicht zwischen die Lippen. Und ab und zu steckt sie sich immer mal einen Keks in den Mund.

Gerade als Ajda das letzte Gesteck geschafft hat, hört Jan-Arne den Schlüssel in der Wohnungstür.

»Das ist Mama!«, flüstert er. Jetzt wird man ja sehen.

»Jan-Arne!«, ruft Mama schon auf dem Flur. »Jan-Arne, wo steckst du denn?«

Jan-Arne legt einen Finger auf die Lippen. Vielleicht ist es besser, wenn Mama nicht gleich als Erstes mitkriegt, dass er jetzt auch noch fremde Leute in die Wohnung gelassen hat. Wenn sie immer noch so böse auf ihn ist.

»Hallo, Mama!«, sagt Jan-Arne und geht auf den Flur. Da zieht Mama grade ihre Jacke aus.

Dann dreht sie sich blitzschnell zu ihm um.

»So, so, so!«, sagt sie und ihr Gesicht ist bestimmt nicht mehr so traurig wie am Morgen. Aber dafür ziemlich böse. »Warum hast du mir nicht die Wahrheit gesagt?«

»Hab ich doch!«, sagt Jan-Arne und hebt drei Schwurfinger in die Luft. »Ich war das wirklich nicht! Heilig geschworen!«

Mama winkt ab. »Ich wollte ja auch die Wahrheit wissen!«, sagte sie und jetzt nimmt sie ihre Mütze ab. Darunter sehen ihre Haare ganz zerstrubbelt aus. »Und die Wahrheit ist, dass dein Schwein die Gestecke ruiniert hat! So sieht es aus! Du hast den Käfig geputzt …«

»Was?«, ruft Jan-Arne. »Was?«

»… in der Küche! Was verboten ist! Und dabei durfte King-Kong auf dem Boden rumwuseln!«

»Was?«, murmelt Jan-Arne wieder. Aber schon viel leiser. »Wieso?« Eigentlich würde er lieber »Stimmt ja gar nicht!« sagen. Aber das wäre gelogen. Und Lügen ist auch nicht so gut. Und außerdem weiß Mama ja sowieso Bescheid.

»Was hast du dir dabei gedacht?«, fragt Mama. »Das Schwein in der Küche laufen zu lassen?«

»Ich glaub, King-Kong war das nicht!«, sagt Jan-Arne ängstlich. King-Kong soll doch nicht abgeschafft werden! Dann fällt es ihm ein. »Der kann das doch gar nicht gewesen sein, Mama! Meerschweinchen fressen ja wohl keine Tannenzweige!«

»Tun sie nicht?«, sagt Mama und stemmt die Hände in die Hüften. »Tun sie doch! Du Schwindelheini! Meine Kollegin sagt, ihr Schwein war früher ganz verrückt nach Tanne! Sogar, wenn die Nadeln schon

61

ganz trocken waren! Das sind Vitamine und Mineralstoffe für Meerschweinchen, hat sie gesagt. Wenn die Tanne ungespritzt war, heißt das.«
Und Mama geht zur Küchentür. »Sonst sind die nämlich giftig.«

»Giftig?«, schreit Jan-Arne. »Muss King-Kong jetzt sterben?«

Mama guckt grimmig. »Verdient hätte er das ja beinah!«, sagt sie. »Aber nee, die Zweige waren aus dem Garten von einer Kegelfreundin.« Sie schüttelt den Kopf. »Und ich kann die Gestecke für die Weihnachtsfeier jetzt alle neu basteln!«, sagt sie. »Nur weil du dein Schwein in der Küche rumrennen lässt! Das schaff ich doch nie bis zum Abend!«

Und jetzt sieht sie nicht mehr nur wütend aus, sondern auch wieder traurig. Das ist ja viel schlimmer. Und was alles passiert, wenn sie das Papa erzählt, darf Jan-Arne sich gar nicht erst vorstellen.

Dann öffnet Mama die Küchentür. Am Tisch sitzt Ajda und hört Weihnachtslieder. Und vor ihr liegen acht puppenkleine Tannengestecke mit Kerzen und Keksen und sehen niedlich und weihnachtlich aus.

»Ach, du meine Güte!«, sagt Mama.

Und: »Hallo!«, sagt Ajda. Dann steht sie auf und gibt Mama die Hand. »Ich hab Jan-Arne nur ein bisschen geholfen!«, sagt sie schnell. »Damit Sie nicht mehr so traurig sind! Darum hat er mich reingelassen.«

Mama starrt die Gestecke an. »Aber wo …«, sagt sie. »Wie …«

»Wir haben die gebastelt«, sagt Ajda. »Für das Kegeln. Weil Jan-Arne sich nämlich entschuldigen will. Weil es ihm leidtut. Er bereut das.«

»Was?«, flüstert Mama. »Acht Gestecke habt ihr geschafft? Und so superschön?«

Ajda nickt. »Weil es ihm leidtut!«, sagt sie energisch. »Und weil er sich entschuldigen will! Und King-Kong entschuldigt sich auch.«

Da lacht Mama endlich wieder. »Na, das ist ja ein starkes Stück!«, sagt sie. »Ich wusste ja gar nicht, dass Jan-Arne so gut basteln kann!«

Nee, das wusste ich auch nicht, denkt Jan-Arne. Und eigentlich war das ja auch nur Ajda. Aber das muss er Mama vielleicht nicht erzählen.

»Dann bin ich jetzt ja gar nicht im Stress!«, sagt Mama. »Ich muss ja gar nicht mehr basteln!« Sie lässt sich auf den zweiten Küchenstuhl plumpsen. »Dann können wir drei ja vielleicht noch gemütlich zusammen Kaffee trinken, was meint ihr?«

»Lieber Apfelsaft«, sagt Ajda. Dann drückt sie auf den Knopf, damit

die CD wieder Weihnachtslieder spielt, und Mama reißt eine Keks-
packung auf.

»Darf ich King-Kong den Rest von den Tannenzweigen bringen,
Mama?«, fragt Jan-Arne. Dann flitzt er in sein Zimmer und legt die
Zweige in den Käfig. Und King-Kong futtert auch gleich los.

»Guten Appetit, Schweinefrau!«, sagt Jan-Arne und steckt seinen
Zeigefinger durch das Gitter. So kann er King-Kong schön kraulen,
bis er schnurrt. »Aber mach so was bloß nicht wieder, du!«

Dann geht er zurück in die Küche, wo Mama und Ajda sitzen und
lachen und Kekse essen. So muss es sich vor Weihnachten anfühlen,
denkt Jan-Arne. Jetzt ist es bald ganz richtig Weihnachten.

# Erster Dezember im Möwenweg

Am Montag war dann zum Glück schon der erste Dezember. Vor Weihnachten kommen die schönen Tage ja immer so dicht hintereinander.

Als ich aufgewacht bin, bin ich gleich aus dem Bett gesprungen. Mama hatte am Abend vorher noch die drei Adventskalender für Petja und Maus und für mich in unseren Zimmern aufgehängt und das erste Päckchen an meinem Kalender war richtig groß. Darum konnte ich mit dem Auspacken auch nicht warten, bis ich mich gewaschen und angezogen hatte. Dazu war ich ja viel zu aufgeregt.

Mama wickelt die Päckchen an unseren Adventskalendern immer in das Weihnachtspapier vom letzten Jahr ein. Das hebt sie auf und dann ist es nicht vergeudet. Und besser für die Umwelt ist es auch.

Ich möchte außerdem sowieso gar kein neues Papier. Ich finde es nämlich so schön, wenn ich mich bei jedem Päckchen immer noch mal daran erinnere, was im letzten Jahr in dem Papier eingewickelt war.

Das Papier vom ersten Dezember war hellblau mit Schnee und Schlitten drauf, da war im letzten Jahr am Heiligabend meine neue Blockflöte drin gewesen. Aber das Kalenderpäckchen war ganz weich,

65

das war bestimmt nicht wieder eine Blockflöte (zwei braucht man ja auch nicht). Darum war ich ziemlich gespannt.

»Ich hab eine Kevindose!«, hat Maus aus seinem Zimmer geschrien. Er ist barfuß in seiner rutschigen Schlafanzughose über den Flur gerannt gekommen. »Was hast du denn, Tari? Was hast du denn?«

Bei Maus im Kindergarten haben nämlich Tomte und Linus und Ralph und überhaupt alle anderen Kinder ganz tolle Brotdosen. Die allertollste hat Kevin, da sind irgendwelche Raumschiffe drauf oder Star Wars oder solche Sachen. Mama hat aber gesagt, eine Tupperdose ist auch sehr schön, und man kann nicht mitten im Leben einfach mal so eine teure neue Dose kaufen, nur weil Kevin auch so eine hat.

Aber jetzt hatte Maus sie doch noch gekriegt.

»Pack aus, Tari!«, hat er geschrien und ist immer so auf und ab gehüpft. Dabei ist ihm seine Schlafanzughose bis auf die Füße gerutscht, weil doch der Gummizug ausgeleiert ist. (Petja und ich hatten den Schlafanzug nämlich auch schon.) Aber das macht Maus gar nichts aus. Er ist ja daran gewöhnt. »Was hast du denn drin, Tari, zeig mal!«

»Bestimmt keine Kevindose!«, hab ich gesagt. Das konnte ich ja nur hoffen.

Und das hatte ich auch wirklich nicht. In meinem hellblauen Päckchen war so ein gestreifter Schal, wie ich ihn mit Mama zusammen beim Einkaufsbummel in der Stadt gesehen hatte. Und Tieneke hat schon ganz lange den gleichen, aber als ich ihn haben wollte, hat Mama gesagt, dass mein alter Schal noch sehr schön ist und wir nicht immerzu Geld für neue Sachen ausgeben können. Da hab ich schon gehofft, dass ich den Schal vielleicht zu Weihnachten kriege oder zum Nikolaus.

Und jetzt hatte ich ihn sogar schon im Adventskalender! Eine Mütze und Handschuhe mit dem gleichen Muster gibt es auch noch. Tieneke hat die auch. Und wenn Mama die in meinen Kalender getan hat, können Tieneke und ich wie richtige Winterzwillinge aussehen. Darum hab ich alle anderen Päckchen auch noch angefühlt, und da waren wirklich noch drei weiche dabei. Es kann aber natürlich auch sein, dass Mama da lauter langweilige neue Unterhosen reingetan hat, die braucht man ja auch immer. Das will ich mal nicht hoffen.

Petja hatte auch einen Schal in seinem Päckchen (einen schwarzen), aber er hat sich nicht sehr gefreut. Er hat gesagt, Schals sind für Babys und Jungs in der fünften Klasse binden die sowieso nicht mehr um.

Wir haben übrigens nicht jeden Tag so ein großes Geschenk in unserem Adventskalender. Das würde bei drei Kindern ja gar nicht gehen. Wir sind doch schließlich keine Millionäre, sagt Mama. Deshalb ist manchmal auch nur ein Weihnachtskeks drin.

Aber das finde ich grade gut. Darum ist es ja immer so spannend, wenn man sein Päckchen auswickelt und nicht weiß, ob eine richtig schöne Überraschung rauskommt oder nur ein langweiliger Keks.

Als Tieneke mich abgeholt hat, hat sie erzählt, dass sie einen großen

Türchenkalender hat, da steckt hinter jedem Türchen ein Überraschungsei. Ich hab es nicht zu ihr gesagt, aber das finde ich nicht so schön. Da weiß man ja immer schon, dass man ein Überraschungsei kriegt. Nur, was in dem Ei drin ist, weiß man nicht. Tieneke hat gesagt, heute hatte sie eine kleine Prinzessin aus Plastik, die ist die Hauptfigur in einem Film. Aber der ist erst ab zwölf.

»Hast du deine Flöte eingepackt?«, hat Tieneke gefragt, als ich mir schon meine Jacke angezogen und meinen neuen Schal umgebunden hatte. Da sahen Tieneke und ich am Hals genau gleich aus.

Und die hatte ich doch tatsächlich vergessen! Dabei hatte Frau Streng es uns am Freitag noch extra ins Deutschheft schreiben lassen. Weil wir nämlich in der Schule Weihnachtslieder flöten wollten.

Ich hab meine Flöte aus dem Wohnzimmer geholt, und dann hab ich Tieneke erzählt, dass mein Päckchenkalenderpäckchen heute grade in demselben Weihnachtspapier eingewickelt war, in dem ich letztes Jahr die Flöte gekriegt hatte.

»Und heute muss ich die Flöte mit zur Schule nehmen!«, hab ich gesagt. »Das ist doch ein komischer Zufall!«

Als wir in der Schule angekommen sind, hatte Frau Streng eine Überraschung für uns!

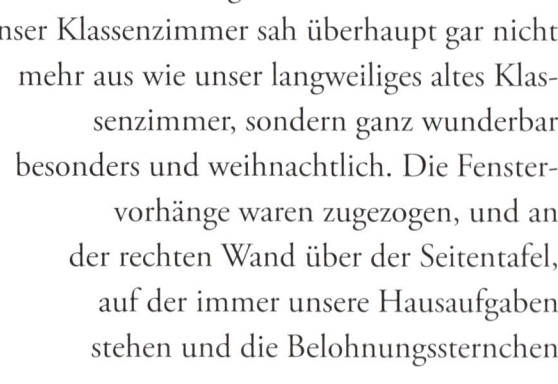

Unser Klassenzimmer sah überhaupt gar nicht mehr aus wie unser langweiliges altes Klassenzimmer, sondern ganz wunderbar besonders und weihnachtlich. Die Fenstervorhänge waren zugezogen, und an der rechten Wand über der Seitentafel, auf der immer unsere Hausaufgaben stehen und die Belohnungssternchen für die Klasse aufgemalt sind, hing ein hübsches rotes Seidenband und daran waren lauter genau gleich große Päckchen festgemacht.

»Ein Päckchenkalender!«, hat Tieneke gerufen. »Nun krieg ich doch noch einen!«

Frau Streng hat einen Finger gegen die Lippen gehalten. »Pssst, Tieneke, heute wollen wir mal alle ganz, ganz leise sein!«, hat sie geflüstert.

Sie stand gleich an der Tür neben dem Pult, und auf dem Pult hatte sie einen Adventskranz auf ein Küchentablett mit hübschen Weihnachtsservietten gelegt, und die erste Kerze war sogar schon angezündet.

Da sind wir alle ganz leise zu unseren Plätzen geschlichen, sogar Adrian, der ist ja sonst immer so wild. Es war wirklich sehr feierlich.

Dann hat Frau Streng gesagt, sie weiß ja, dass sie eine tolle vernünftige Klasse hat, bei der sie keine Angst haben muss, wenn sie mal eine Kerze anzündet. Und darum wollen wir jetzt jeden Morgen vor dem Unterricht auch eine kleine Adventsviertelstunde machen. Zuerst sollten wir alle zusammen ein Lied singen, das durften wir uns wünschen.

»Die Affen rasen durch den Wald!«, hat Niklas gerufen. Das ist nämlich in der Klasse unser Lieblingslied, weil es so lustig ist.

»Das ist doch kein Weihnachtslied, du Hirni!«, hat Gökhan gebrüllt.

Frau Streng hat gesagt, Hirni soll man nicht sagen, aber »Die Affen rasen durch den Wald« können wir ja wirklich das ganze Jahr über

69

singen. Und Weihnachtslieder gehen nur vor Weihnachten, darum wollen wir das jetzt mal jeden Tag richtig schön ausnutzen.

Das haben wir dann auch gemacht. Ich hatte Glück, weil Frau Streng mich drangenommen hat, und da hab ich mir »Ihr Kinderlein, kommet« gewünscht. Das hat ja auch gepasst, weil wir doch in unserer Klasse 22 Kinder sind.

Als wir fertig waren (die zweite und dritte Strophe konnten wir leider nicht so ganz gut), hat Frau Streng gesagt, jetzt hat sie noch eine Überraschung für uns.

»Du hast einen Adventskalender gebastelt!«, hat Kiki geschrien.

Frau Streng hat wieder einen Finger gegen die Lippen gelegt und gesagt, unsere schöne Adventsviertelstunde können wir aber nur machen, wenn auch alle Kinder mithelfen. Darum wollen wir nicht einfach so in die Klasse rufen. Ich finde, da hat sie recht.

Dann hat sie gesagt, dass sie wirklich einen Päckchenkalender für uns gebastelt hat, und jeden Tag darf ein anderes Kind ein Päckchen auspacken. Aber das machen wir erst in der letzten Stunde, damit es den ganzen Tag spannend bleibt. Und da singen wir auch noch mal ein Lied. Zum Abschluss.

»Aber der Päckchenkalender ist nicht der einzige Adventskalender, den ich für euch habe!«, hat Frau Streng gesagt.

Dann hat sie in ihre Tasche gegriffen und ein großes dickes Buch herausgeholt, das war ein Adventskalenderbuch! Hat jemand so was schon mal gesehen? Es stehen genau 24 Geschichten drin, hat Frau Streng gesagt. Für jeden Tag bis zum Heiligabend eine.

Die erste hat sie dann auch gleich vorgelesen. Leider war die Geschichte nur sehr kurz. Dann war unsere feierliche Adventsviertelstunde vorbei und Gökhan durfte die Kerze auspusten. Danach haben wir das Deckenlicht eingeschaltet und die Vorhänge aufgezogen. Da war unser Klassenzimmer wieder fast wie immer. Nur der Adventskranz war natürlich noch da. Und der Adventskalender auch.

Wir haben dann ganz normal Mathe gemacht (das Einmalzwölf, das ist ziemlich schwierig) und in der zweiten Stunde mussten wir leider die Deutscharbeit schreiben, aber in der dritten war Musik, und da haben wir endlich geflötet. Sonst hätte ich ja auch gar nicht gewusst, wozu ich meine Flöte mitgeschleppt habe.

Frau Streng hat gesagt, wenn wir nicht langsam schon die Nase voll haben von all den Überraschungen, die sie für uns hat, muss sie uns noch was erzählen. Wir haben gesagt, dass wir die Nase überhaupt noch nicht voll haben.

Da hat Frau Streng gesagt, dass wir jetzt zwei schöne Lieder auf der Flöte einüben wollen, und die spielen wir dann in der nächsten Woche bei der Weihnachtsfeier im Altersheim vor. Damit machen wir den alten Leuten bestimmt eine große Freude.

»Cool!«, hat Tieneke geflüstert. Ich hab genickt. Ich finde es immer so schön, wenn man anderen Leuten etwas vorspielt und sie sitzen da wie im richtigen Theater und müssen zuhören, und am Schluss klatschen sie ganz begeistert und rufen: »Zugabe!«

Und außerdem wollen wir die Lieder auch bei der Nachmittagsweihnachtsfeier in unserer Klasse flöten, hat Frau Streng gesagt. Bestimmt finden unsere Eltern es schön, wenn wir an einem Nachmittag gemeinsam feiern, und jedes Kind kann dann auch noch irgendwas anderes vortragen, ein Gedicht oder ein Lied oder was wir mögen.

»Cool!«, hat Tieneke wieder geflüstert.

Ich hab grade überlegt, was ich vortragen kann, da hat Tieneke mich angestupst.

»Tari?«, hat sie geflüstert. »Machen wir zusammen?«

Da hab ich richtig Lust gekriegt.

In der großen Pause haben wir noch Carolin und Kiki gefragt, ob sie nicht auch mitmachen wollten. Das wollten sie gerne. Da haben wir uns für den Nachmittag bei mir zu Hause verabredet, damit wir uns was für unsere Vorführung überlegen konnten. Um vier Uhr.

Das erste Päckchen durfte übrigens Adrian auspacken. Ich weiß nicht, warum ein Junge anfangen durfte, aber Frau Streng hat es so gesagt. Und er hat auch gleich das schöne Papier aufgerissen, weil Jungs das ja nie vorsichtig machen können, und da war ein Kerzenhalter in dem Päckchen, das war ein weißer Stern mit Goldglitzer drauf, und das war der winzigste, winzigste Kerzenhalter, den ich jemals gesehen habe. Eine puppenkleine rote Kerze lag auch dabei.

Da hab ich mich richtig darauf gefreut, dass ich auch bald ein Päckchen auspacken darf. Bestimmt war ja in allen das Gleiche drin. Und winzig kleine Sachen, die echt aussehen, finde ich immer so niedlich.

Auf dem Nachhauseweg haben wir noch Fritzi und Laurin getroffen, die hatten auch gerade Schluss. Sie hatten auch Weihnachtslieder gesungen und einen Adventskranz im Klassenzimmer. Aber im Altersheim vorflöten sollten sie nicht. Dazu ist man in der zweiten Klasse ja auch noch nicht alt genug, finde ich. Das hab ich aber nicht gesagt.

# Linnea trifft den Weihnachtsmann

Neulich hat Linnea den Weihnachtsmann getroffen, und nun kann sie wegen Weihnachten ganz beruhigt sein.

»Ich krieg ja Weihnachten ein Kettcar«, sagt Linnea beim Plätzchenbacken zu Mama und sticht drei wunderschöne Engel aus dem Teig. »Das hab ich auf meinen Wunschzettel gemalt.«

»Ich glaub nicht, dass das was werden kann, Linnea«, sagt Mama und dreht die Weihnachtsliederkassette um. »Kettcars sind ziemlich teuer. Und schließlich hab ich ja drei Kinder. So große Geschenke gibt es bei uns nicht.«

»Das ist dem Weihnachtsmann doch egal!«, sagt Linnea und zeigt Mama einen klitzekleinen Vogel. »Wie teuer das ist! Der muss das doch nicht bezahlen! Der kauft das ja nicht im Geschäft«, und dann sticht sie noch einen Engel aus und zwei Monde und ein Herz. Da müssen Anna und Magnus noch ein bisschen auf die Ausstechförmchen warten.

»Aber immer kriegt man wirklich nicht, was man sich wünscht, Linnea«, sagt Anna und nimmt sich schon mal den Engel. »Die ganz großen Sachen wirklich nicht.«

Und Magnus sagt auch, genau, die ganz großen Sachen kriegt man

73

nicht immer, das soll Linnea lieber mal glauben, sonst ist sie Weihnachten nur enttäuscht. Auch wenn der Weihnachtsmann die Geschenke ja vielleicht ganz leicht ohne Geld besorgen könnte.

Dann schieben sie die Plätzchen in den Ofen.

Woher der Weihnachtsmann immer die Geschenke kriegt, weiß Linnea leider auch nicht so genau. Die basteln ihm die Engel oder die Wichtel oder irgendwelche anderen Weihnachtshelfer, ganz ohne Geld. Und zum Glück können die sogar besser basteln als Linnea. Obwohl sie das oft auch ziemlich gut kann.

»Werdet ihr schon sehen, dass ich mein Kettcar kriege«, sagt Linnea zufrieden, und weil sie sowieso so gute Weihnachtsstimmung hat, ist sie nicht mal böse, als Magnus seine Kekse als Erster mit Zuckerguss anmalen darf. Vor Weihnachten kann Linnea ja ruhig mal nett sein. Aber am nächsten Morgen im Kindergarten lachen Erdem und Katja sie aus.

»Vom Weihnachtsmann, ha, ha, vom Weihnachtsmann!«, schreit Katja. »Den gibt es ja gar nicht, du Baby!«

»Wohl gibt es den!«, schreit Linnea. »Du bist ja selber ein Baby! Der kommt ja immer zu uns!«

Und am liebsten würde sie Erdem und Katja jetzt eine scheuern, aber Katja ist stärker als Linnea, und Erdem weint immer so schnell, und Schwächere soll man im Kindergarten nicht so oft hauen. Aber Zunge rausstrecken geht.

Als Linnea am Nachmittag mit Magnus vom Kindergarten nach Hause geht, muss sie doch ziemlich doll nachdenken. Natürlich bringt der Weihnachtsmann ihr jedes Jahr ihre Geschenke, aber gesehen hat sie ihn dabei noch nie. Aber wer die Geschenke sonst bringen sollte, weiß Linnea ganz bestimmt auch nicht. Das hätte sie doch wohl gemerkt, wenn Mama da fremde Leute mit Paketen reingelassen hätte! Und Einbrecher können es auch nicht sein. Die nehmen ja Sachen mit und bringen nicht noch was. Also muss es den Weihnachtsmann wohl doch geben, ha, ha! Magnus sagt das ja auch. Katja und Erdem wollten Linnea bestimmt nur mal wieder ärgern.

Abends im Bett, als die Spieluhr in Linneas altem Stoffmond »Guten Abend, gut' Nacht« spielt, obwohl Linnea dafür vielleicht schon fast zu alt ist, fällt es ihr zum Glück plötzlich noch ein.

Es gibt keinen Weihnachtsmann, was? Und was ist dann mit dem

alten, alten Mann mit dem langen Bart und im roten Mantel, der im Kindergarten am letzten Tag vor Weihnachten jedes Jahr kommt und allen Kindern ein klitzekleines Geschenk bringt? Jedem Kind genau das gleiche, weil er sich die richtigen Sachen ja immer bis Weihnachten aufspart, sagt die Erzieherin. Den haben Katja und Erdem ja wohl auch gesehen, und letztes Jahr hat Katja sogar noch zu Linnea gesagt, sie wusste gar nicht, dass der Weihnachtsmann verheiratet ist, und Erdem hat gesagt, nee, das wusste er auch nicht. Weil der Weihnachtsmann nämlich einen Ehering aufhatte, das hat Linnea auch genau gesehen. Und einen, der sogar verheiratet ist, muss es ja wohl geben.

Linnea zieht ganz schnell noch mal an der Schnur von ihrem Stoffmond. Das wird sie Katja und Erdem morgen im Kindergarten alles mal erzählen.

Aber leider muss Linnea am nächsten Morgen vor dem Kindergarten zuerst noch mit Mama zum Rathaus. Da will Mama sich ihren Ausweis verlängern lassen, und was das nun sein soll, weiß Linnea überhaupt nicht. Aber mitkommen muss sie trotzdem, auch wenn sie ganz fürchterlich mault.

Im Rathaus sitzt eine Frau in einem Glaskasten, die erklärt Mama, zu welchem Zimmer sie hingehen muss, und Linnea gibt sie einen winzigen, winzigen Schokoladenweihnachtsmann am Stiel.

»Den magst du doch sicher«, sagt die Frau und lächelt so ein komisches Frauenlächeln, und da sagt Linnea, doch, den mag sie gerne, aber ihr Bruder mag solche auch. »Und meine große Schwester«, sagt Linnea und hält die Hand noch mal hin. »Die mag Weihnachtsmänner auch. Du kannst nicht nur mir einen geben, Frau. Das ist sonst ungerecht.«

Da lacht die Frau und gibt Linnea noch zwei kleine Weihnachtsmänner, und Mama entschuldigt sich, und die Frau sagt, es ist doch nett, dass Linnea auch an ihre Geschwister denkt.

Und das findet Linnea auch. Sie kann nur hoffen, dass die beiden Weihnachtsmänner für Magnus und Anna bis heute Nachmittag halten. Esssachen werden ja immer so leicht schlecht. Vielleicht muss Linnea die Schokolade nachher im Kindergarten doch vorsichtshal-

ber selber essen. Weil sie eine nette Schwester ist. Schließlich will sie nicht, dass Magnus und Anna von den schlecht gewordenen Weihnachtsmännern Bauchweh kriegen.

»Genau«, sagt Linnea zufrieden. Eigentlich ist das Rathaus doch gar nicht so blöde.

Und dann wird es sogar noch richtig weihnachtlich! Richtig gut und weihnachtlich wird es, und nicht nur, weil auf dem Flur ein riesengroßer Adventskranz von der Decke hängt. Das ist ja nichts Besonderes. Richtig weihnachtlich wird es erst, als Mama Linneas zerrissenes Weihnachtsmännerpapier in ihre Manteltasche steckt und eine Tür aufmacht.

»Komm, Linnea, trödel nicht so«, sagt sie und gibt Linnea einen ganz kleinen Stupser gegen den Rücken. Da geht Linnea vor ihr her in das

Zimmer, und da sitzt ein Mann an einem großen Schreibtisch und guckt auf seinen PC.

»Guten Tag«, sagt Mama und »Guten Tag« sagt der Mann, und dann guckt er hinter seinem Monitor vor, und da fällt Linnea fast tot um. Hinter dem PC sitzt der Weihnachtsmann!

Zuerst denkt Linnea, dass es vielleicht nur sein Sohn ist, weil er nämlich keinen langen weißen Bart hat und keine weißen Haare, und das Gesicht sieht auch nicht richtig uralt aus. Aber Linnea kennt doch den Weihnachtsmann! Auf der Stirn hat er genau dieselbe komische Narbe, wie der Weihnachtsmann im Kindergarten sie hatte, und an einer Hand steckt ein Ehering, den erkennt Linnea ganz genau wieder. Der Weihnachtsmann arbeitet im Rathaus!

»Ja, bitte?«, sagt der Weihnachtsmann, und da erzählt Mama ihm, was sie will, und der Weihnachtsmann gibt ihr ein Blatt Papier. Dann muss Mama sich an ein Tischchen setzen und schreiben; und die ganze Zeit guckt Linnea und guckt. Der Weihnachtsmann arbeitet im Rathaus. Da hat der Bürgermeister aber Glück.

»Was ist denn los, Linnea, du zappelst ja so«, sagt Mama und guckt von ihrem Papier hoch. »Musst du mal?«

Aber Linnea schüttelt nur den Kopf. Natürlich weiß sie, dass man nicht einfach zu fremden Männern hinter den Schreibtisch gehen darf. Zu normalen Männern. Aber für den Weihnachtsmann kann das ja wohl nicht gelten.

»Bist du der Weihnachtsmann?«, flüstert Linnea und stellt sich ganz dicht neben ihn. »Arbeitest du hier?«

Der Weihnachtsmann macht plötzlich ein ganz erschrockenes Gesicht und das ist ja auch kein Wunder. Bestimmt hat er Angst, dass Linnea ihn verpetzt, und dann kommen alle Kinder angerannt aus dem Kindergarten und aus der Schule und sagen ihm, was sie sich wünschen; und das ganze Zimmer ist voll und das ganze Rathaus, und wenn Leute ihren Ausweis verlängert haben wollen, können sie sich gar nicht mehr reinquetschen.

»Bist du nun?«, flüstert Linnea, aber da beugt der Weihnachtsmann sich auch schon zu ihr runter.

»Nicht weitersagen!«, flüstert er und legt seinen Finger gegen die Lippen. »Das Jahr ist immer so lang, verstehst du! Und ich hab ja sonst

nur Weihnachten die paar Tage zu tun! Da langweile ich mich die restliche Zeit fast zu Tode!«

Linnea hätte ihn gerne gefragt, warum er dann nicht einfach mit seiner Frau in Urlaub fährt, aber der Weihnachtsmann redet schon weiter.

»Da komm ich eben zwischendurch immer mal auf die Erde«, flüstert er. »Mal hierhin und mal dahin. Mal nach Amerika und mal nach Afrika. Und jetzt bin ich hier. So kann ich schön rauskriegen, was die Kinder überall so machen. Ob sie artig sind und so weiter. Das ist ja sehr nützlich.«

Linnea nickt. Am liebsten würde sie dem Weihnachtsmann sagen, dass er sich mal um Katja kümmern soll. Die ist ja fast immer ungezogen.

»Aber das weiß natürlich keiner, dass ich hier bin!«, flüstert der Weihnachtsmann wieder. »Nur du und ich! Das ist unser Geheimnis!« Und er hebt drei Schwurfinger in die Luft. »Das musst du jetzt schwören.«

Da hebt Linnea ihre Hand auch hoch, und sie merkt, dass sie vor lauter Aufregung ganz kribbelig wird. Jetzt weiß Linnea was, das weiß sonst keiner. Nur Linnea und der Weihnachtsmann.

»Da, bitte«, sagt Mama und reicht dem Weihnachtsmann ihr Papier über den Tisch. Das hat sie jetzt wohl fertig geschrieben. »Und du kommst hinter dem Schreibtisch raus, Linnea! Du kannst doch den Herrn nicht so stören!«

Da zwinkert der Weihnachtsmann Linnea zu und schlägt ihr zum Abschied sogar auf die Schulter. »Nicht vergessen!«, flüstert er. »Unser Geheimnis!«

Linnea ist mit Mama schon fast wieder die Treppe runter, da fällt es ihr ein.

»Ich komm gleich!«, ruft sie und dann saust sie zurück und reißt noch mal die Zimmertür auf. Vor dem Weihnachtsmannschreibtisch steht jetzt ein alter Mann mit einem kleinen Hund auf dem Arm. Aber das stört Linnea nicht so doll.

»Ein Kettcar!«, sagt sie leise und rüttelt den Weihnachtsmann ein bisschen am Ärmel von seiner ganz normalen Männerjacke. »Das sollst du mir bringen!«

Der Weihnachtsmann guckt erschrocken hoch, aber dann lacht er. »Weiß ich doch längst!«, sagt er und zeigt auf seinen Computer. »Ist doch längst alles abgespeichert!«

Da flitzt Linnea wieder zu Mama, und es macht ihr auch überhaupt nichts aus, dass die ein bisschen schimpft und sagt, Linnea darf fremde Leute nicht immerzu so bei der Arbeit stören.

Wenn Katja und Erdem heute im Kindergarten wieder so blöde reden, kneift Linnea einfach die Lippen ganz fest zusammen und sagt keinen Ton. Schließlich hat sie ein gutes Geheimnis.

Sie weiß jetzt schließlich genau, dass es den Weihnachtsmann gibt.

# Jesper, Janna, Jule und der Tannenbaum

Jedes Jahr am vierten Advent geht die ganze Familie zum Tannenbaumschlagen.

»Da bleibt er schön frisch«, sagt Papa. »Da nadelt er nicht bis Silvester.«

Das mit den Nadeln ist Jesper ganz egal, die kann man ja mit dem Staubsauger saugen. Aber trotzdem will er auch keinen Tannenbaum am Marktstand kaufen.

Selber schlagen ist besser.

»Kaufen kann ja jeder«, sagt Jesper zufrieden. »Ich trag wieder die Säge«, und dann zieht er Papas dicke Gartenhandschuhe an, die Papa extra nur fürs Tannenbaumschlagen braucht, weil sie doch gar keinen Garten haben, und Janna nimmt die Axt, und ganz ausnahmsweise darf Jule die Säge aus Jespers Laubsägekasten. Damit sie nicht traurig ist.

Eigentlich ist der Tannenbaumwald gar kein richtiger Wald, sondern eine Baumschule. Wenn man zu den Bäumen will, muss man sich erst durch ein Tor drängeln und dann durch ein Gewächshaus, wo ganz viele Leute mit rot gefrorenen Nasen stehen und Glühwein trinken. Die haben sich auch alle schon einen Baum geschlagen.

Aus einem riesigen silbernen Topf riecht es nach Erbsensuppe und Würstchen und der beste Stand ist gleich neben der Tür. Da backen sie Waffeln mit Puderzucker.

»Na, dann wollen wir mal wieder«, sagt Papa und reibt sich die Hände. Beim Tannenbaumschlagen müssen alle gute Laune haben. »Dann kommt mal mit raus. Wir sind schließlich nicht zum Essen und Trinken gekommen.«

Und Jesper nörgelt auch kein bisschen. Er weiß ja sowieso, dass es am Schluss noch einen heißen Apfelsaftpunsch gibt. Und vielleicht auch noch Waffeln mit Zucker.

Außerdem will Jesper jetzt erst mal den Tannenbaum schlagen. Sonst sind sie nachher schon ganz ausgesucht und gar keine schönen mehr da.

»Wieder einen gelben, Papa?«, fragt Jesper. »Wieder einen gelben, Papa, wie letztes Jahr?«

Die Bäume haben nämlich oben um ihre Spitze alle einen bunten Klebestreifen, daran kann man sehen, wie teuer sie sind. Es gibt blaue Klebestreifen für die ganz teuren und gelbe Klebestreifen für die normalteuren, und dann gibt es noch rote, die sind fürchterlich billig. Aber die roten nehmen sie trotzdem nicht, weil das die schief gewachsenen Bäume sind, und so was will ja kein Mensch.

»Wir werden doch wohl nicht am Tannenbaum sparen!«, sagt Mama jedes Mal. »Das eine Mal im Jahr! Am schönsten Tag des Jahres wollen wir auch den schönsten Baum«, und darum nehmen sie auch einen gelben. Aber in diesem Jahr ist es gar nicht so einfach, einen schönen Baum zu finden. Mama will keinen so großen, weil dann der Tannenbaumschmuck nicht reicht, und immer, wenn Jesper und Janna einen gefunden haben, sagt Papa, der hat zur Spitze hin zu wenig Zweige und das wirkt dann immer so kahl. Da hat Jesper bald keine Lust mehr zu suchen. Er hilft lieber nachher mit beim Sägen.

»Komm, Janna, wir gehen nach hinten«, sagt Jesper und packt die Säge fester. »Wir machen jetzt Tannenbaumhüpfen.«

Da nimmt Janna ganz vorsichtig ihre Axt, und dann laufen sie zwischen den Bäumen durch zum hinteren Zaun, wo die meisten Bäume schon abgeschlagen sind. Neben den Stümpfen am Boden wachsen viele winzige neue Bäume nach, die sind noch nicht mal so groß wie Jule. Die will noch kein Mensch als Tannenbaum haben, aber drüberhüpfen kann man ganz prima. Nur drauftreten darf man auf gar keinen Fall. Dann werden die später auch krumm und kriegen einen roten Streifen und daran will Jesper nicht schuld sein.

»Los, Janna, jetzt hüpfen wir rüber«, sagt Jesper und will einen ganz langen Anlauf nehmen. Aber Janna kommt nicht zu ihm hin. Janna steht neben einem großen Baum, der ist der allerschiefste, den Jesper je gesehen hat. Er wächst ganz allein mitten zwischen all den kleinen, und in der Mitte macht sein Stamm eine Zickzackkurve wie eine Schlange. Oben hat er einen roten Streifen.

»… vier, fünf!«, sagt Janna. »Guck mal, Jesper, der hat schon fünf rote Streifen! Warum hat der denn fünf?«

Jesper hüpft ganz kurz über eine winzige Tanne, dann stellt er sich dazu.

»Weil der …«, sagt Jesper und guckt sich die Tannenbaumspitze an. Aber es gibt gar keine richtige Spitze. Es gibt nämlich drei, und eine davon hängt ganz wunderbar nach unten.

»Den hat nie einer gewollt«, sagt Jesper. »Der war den Leuten zu krumm, und da haben sie ihn nicht gekauft, siehst du, Janna. Und im nächsten Jahr hat er dann wieder einen neuen Klebestreifen gekriegt, aber da hat ihn wieder keiner gewollt.«

»Und so immer weiter?«, sagt Janna traurig und starrt den Baum an. »Fünf Jahre, nicht, Jesper? Fünfmal Weihnachten?«

»Ja, siehst du wohl«, sagt Jesper und legt seine Hand ganz vorsichtig auf einen unteren Zweig. Der Zweig fühlt sich piksig an, aber auch nicht zu piksig. Wenn man in der richtigen Richtung darüberstreicht, ist er plötzlich ganz glatt. »Und nächstes Jahr ist der bestimmt zu groß zum Schlagen. Da passt der in kein Zimmer mehr rein.«

»Nein, das tut der bestimmt nicht«, sagt Mama und legt Jesper von hinten ihre Hand auf die Schulter.

»Kommt mal mit, ihr beiden, und helft uns sägen. Wir haben den richtigen Baum gefunden.«

Aber Jesper bleibt immer noch stehen. Armer Baum, denkt Jesper. Armer alter Tannenbaum. Dich will gar keiner haben und dabei hast du sogar drei schöne Spitzen. Das ist doch wieder mal typisch ungerecht.

»Der steht dann hier vielleicht immer und beschützt die Kleinen«, sagt Janna und jetzt streichelt sie den Baum auch. »Nicht, Mama? Bis die groß geworden sind. Das ist für ihn ja vielleicht auch ganz schön.«

Mama packt Jespers Schulter ungeduldig ein bisschen fester.

»Das tut der hier ganz bestimmt nicht«, sagt sie. »Weil der den Kleinen nämlich bald zu viel Licht wegnimmt. Da wird der geschlagen. Und jetzt kommt doch mal, Papa wartet und mir ist kalt!«

»Aber wenn der doch gar kein Tannenbaum wird?«, fragt Jesper. »Warum schlagen sie den denn? Was machen sie denn dann mit ihm?«

»Feuerholz«, sagt Mama ungeduldig und trampelt von einem Fuß auf den anderen vor Kälte. »Und nun kommt schon, wir brauchen die Säge.«

Jesper guckt Janna an, aber Janna steht auch nur ganz still neben dem Baum und rührt sich nicht vom Fleck. Sie hat ganz schmale Augen gekriegt und ihr Kinn schiebt sie vor. Das ist ihr energisches Gesicht, das kennt Jesper. Das macht Janna nur, wenn sie böse ist.

»Feuerholz!«, sagt Janna wütend. »Wo der ein Tannenbaum sein will!«

»Ach, Janna, nun sei doch nicht so albern!«, sagt Mama. »Das ist doch ein Baum! Der will gar nichts sein. Dem ist das völlig egal, warum er geschlagen wird, ab ist ab«, und jetzt schlägt sie auch noch die Hände gegeneinander, weil sie so friert.

»Gar nicht egal!«, schreit Janna und starrt Mama wütend an.

Und da weiß Jesper, was er jetzt tun muss.

»Wir wollen diesen«, sagt er entschieden. Die Säge hält er ganz fest dabei. »Wir wollen diesen Tannenbaum haben, jawohl. Weil wir den nämlich am schönsten finden. Weil der drei Spitzen hat«, und er guckt Janna an und Janna nickt.

»Diesen da!«, sagt Janna. »Den schönen großen! Weil der drei Spitzen hat!«

»Aber Janna!«, sagt Mama ärgerlich. »Der ist doch ganz krumm! Das seht ihr doch selber! So einen Baum stellt sich doch kein Mensch ins Zimmer!«

»Jawohl!«, schreit Janna, und da kommt Papa zwischen den kleinen Bäumen durchgeschlängelt mit Jule auf dem Arm und guckt ein bisschen verwirrt.

»Was ist denn jetzt, ihr Lieben?«, sagt er. »Ich brauch jetzt die Säge! Wir haben einen Baum gefunden!«

»Nee, pööh, die kriegst du nicht!«, sagt Jesper und hält die Säge hinter seinen Rücken. »Nee, pöööh, die kriegst du gar nicht!«

»Und die Axt kriegst du auch nicht!«, sagt Janna und stellt sich ganz dicht neben Jesper. »Dass du das weißt!«

Papa starrt die beiden an. »Ja, was ist denn hier los, ihr Lieben?«, fragt er verblüfft.

»Die beiden wollen den krummen Baum da«, sagt Mama und guckt Papa Hilfe suchend an. »Ich hab ihnen schon gesagt …«

»Weil wir den am schönsten finden!«, ruft Janna. »Mit den drei Spitzen!«

»Genau!«, schreit Jesper. Aber er muss schon gar nicht mehr wirklich schreien, weil er genau sehen kann, wie Papa sich den Baum jetzt anguckt. Eigentlich ganz freundlich.

»Und warum wollt ihr ausgerechnet den?«, fragt er dann. »Mit dieser Zickzackkurve im Stamm?«

»Weil der sonst …«, sagt Janna, aber Jesper tritt ihr auf den Fuß.

»Weil wir den am schönsten finden!«, sagt er noch mal.

»Sag ich doch!«

»Na, also!«, sagt Papa und stellt Jule auf den Boden. »Also dann hätten wir natürlich einen Baum, wie ihn sonst sicher keiner hat. Das ist ja vielleicht auch mal ganz schön.«

»Ja, nicht, Papa?«, sagt Jesper, und Jule zieht schon wieder an den Zweigen.

»Bammbaum!«, ruft sie und reißt so fest, dass Jesper Angst kriegt, der Baum kippt noch um. »Bammbaum, ja!«

»Siehst du, Jule findet ihn auch am schönsten, nicht, Julemaus?«, sagt Jesper schnell und Jule zieht weiter.

»Bammbaum!«, schreit sie wieder vergnügt. »Bammbaum, ja!«

Da seufzt Papa laut. »Also dann, in Gottes Namen«, sagt er und streckt die Hand nach der Säge aus.

»Obwohl ich nicht so richtig verstehe …«

»Ich versteh das schon ganz gut«, sagt Mama. Dann fängt sie an zu lachen. »Na gut, meinetwegen. Da müssen wir aber noch reichlich Tannenbaumschmuck beschaffen! Und zwei neue Engel dazu für die Spitzen!«

Jesper gibt Papa die Säge, und dann sägen sie immer abwechselnd, Papa, Jesper und Janna, und zum Schluss nehmen sie auch noch die Axt. Und weil der Baum doch so groß ist, müssen sie ihn auch zu dritt zum Gewächshaus tragen, und die ganze Zeit schreit Jule auf Mamas Arm: »Auch! Jule auch Bammbaum!«

Im Gewächshaus gehen sie zuerst zu der Maschine, die die Bäume in ein feines weißes Netz einwickelt. So kann man sie besser transportieren.

»Also der soll es sein«, sagt der Mann an der Maschine und schiebt den Baum durch ein großes Loch. »Sind Sie ganz sicher?«

»Ganz sicher«, sagt Papa fest und der Mann wickelt ihnen den Baum ein, und dann gehen sie zu der Maschine, die mit lautem Geknatter die Tannenbaumstämme anspitzt wie ein riesiger Bleistiftanspitzer. Die Späne fliegen durch die Gegend und hinterher kann man den Baum gut in den Tannenbaumfuß kriegen.

»Den da, ja, den wollen Sie haben?«, sagt der Mann, der den Spitzer bedient. »Da sind Sie ganz sicher?«

»Ganz sicher«, sagt Papa wieder und dann bezahlt er den Baum.

»So, ihr Lieben!«, sagt er vergnügt. »Da haben wir aber ordentlich Geld gespart! Und das hauen wir jetzt gleich auf den Kopf. Wer will einen Punsch? Wer will eine Waffel?«

Und dann sitzen sie alle zusammen auf den Strohballen, die überall zum Draufsitzen aufgestapelt sind, und essen, bis sie fast platzen. Aus einem Lautsprecher kommt Weihnachtsmusik, und Jule saut sich mit dem Puderzucker von ihrer Waffel von oben bis unten ein, aber Jesper nur ein bisschen.

»Ach, ihr Lieben!«, sagt Papa. »Das war doch mal wieder richtig schön.«

Janna gibt Jesper einen kleinen Stups in die Seite.

»Vielleicht ist es überhaupt ein Wunschbaum wie bei Aschenputtel«, flüstert sie, und Jesper denkt, dass das natürlich Quatsch ist, aber wissen kann man nie.

»Drei Spitzen«, sagt er zufrieden. »Für jedes Kind eine.«

»So hatte ich das noch gar nicht gesehen«, sagt Mama und trinkt einen Schluck Punsch. »Na, ganz gut, dass wir nicht fünf Kinder haben.«

# Paule und das Krippenspiel

Am schönsten im Jahr ist Weihnachten, findet Paule.
Er mag die Tannenbäume und die Lichter überall
und den Geruch nach Keksen und Kerzenlicht und
angekokelten Tannennadeln.
Natürlich auch die Geschenke und Weihnachtseinkäufe und die CDs mit Weihnachtsliedern,
bei denen Papa immer sagt, er kriegt davon Kopf-
schmerzen.
Nein, Weihnachten ist hundertprozentig mit
Abstand die beste Zeit im Jahr, da ist er sich mit seinem Freund Andreas einig.
Und in diesem Jahr passiert noch etwas besonders Gutes. Paule ist
nämlich seit dem Sommer in der Schule, und genau am Montag
nach dem ersten Advent sagt die Lehrerin, dass sie eine Überraschung
hat.
»Wir wollen für eure Eltern und Geschwister ein Krippenspiel einüben«, sagt Frau Rübsam.
Die ganze Klasse soll mitspielen, man braucht so viele Hirten und
Engel und Könige und einfach Leute, die das Kind angucken kom-

93

men. Für jeden gibt es eine Rolle und alle müssen auch verkleidet sein.

Erst mal erzählt Frau Rübsam die Weihnachtsgeschichte, weil es natürlich Kinder gibt, die gar nicht wissen, was ein Krippenspiel ist. Sie erzählt, wie Maria und Josef abends durch diese kleine Stadt Bethlehem gezogen sind, Maria schon mit einem ganz dicken Bauch, weil sie bald ein Baby kriegen sollte. Aber absolut nichts war da, wo sie übernachten konnten.

»Kein Hotel?«, fragt ein Junge, der Olaf heißt und im Sommer in Spanien war. »Das glaub ich aber nicht!«

»Hotel, haha«, sagt Andreas leise zu Paule. »Damals gab es ja noch nicht mal Autos, sonst wären die doch nicht so blöd gewesen und auf einem Esel geritten!«

Denn das waren Maria und Josef tatsächlich, erzählt Frau Rübsam, und dass sie dann schließlich einen Stall für die Nacht gefunden hatten, und das Baby musste in einer Futterkrippe liegen. Aber dann kamen plötzlich von überall Engel und sangen, weil es ein ganz besonderes Baby war, und die Hirten von den Feldern kamen gelaufen; und sogar drei Könige von ganz weit her, wo es Morgenland heißt, reisten an mit Geschenken für das Kind. Und alle standen um die Futterkrippe herum und freuten sich, weil dieses Baby später die Menschen erlösen sollte.

Paule kennt erlösen nur vom Fangenspielen, deshalb fragt er ganz leise Andreas, was das bedeutet.

Der zuckt die Achseln. »Keine Ahnung«, sagt Andreas. »Aber ziemlich viel Aufstand, bloß weil ein Baby angekommen ist, was? Bei meiner Schwester Bette ist jedenfalls kein Engel aufgetaucht, und die ist auch ein ganz nettes Kind, finde ich.«

Paule denkt, dass es ganz richtig so ist. Schließlich haben sie auch Sekt getrunken, als er angekommen ist, wenn auch keine Engel da waren.

Diese ganze Geschichte sollen sie also den Eltern vorspielen, sagt Frau Rübsam. Nur für das Baby Jesus nehmen sie eine Puppe, die Kinder sollen morgen schon mal welche mitbringen, damit sie die schönste aussuchen können.

»Wir können Bette nehmen«, schlägt Andreas vor, aber Frau Rübsam ist dagegen. Und das ist auch gut so, denkt Paule, weil Bette immer nur schreit, und dann kann man nicht hören, wie die Engel singen und die Hirten anbeten und die Könige ihre Geschenke anpreisen.

»Nee, lass man«, sagt Paule deshalb auch. Sowieso werden jetzt die Rollen verteilt, und da muss Paule gut aufpassen, denn er weiß schon genau, wen er spielen möchte: den Engel Gabriel, der über dem Stall schwebt und »Siehe, siehe« sagt und ein ganz weißes Gewand anhat und goldene Flügel. Paule hat nämlich im letzten Jahr die Weihnachtsgeschichte im Fernsehen gesehen, und der Engel Gabriel hat ihm am besten gefallen, weil er so feierlich aussah.

Ein Glück, dass Paule nicht Maria oder Josef sein will, weil sich da alle Kinder drum streiten. Überhaupt alle Mädchen möchten Maria sein und fast alle Jungs Josef.

Als Nächstes kommen die Heiligen Drei Könige dran, es ist für Paule also noch nicht so wichtig. Aber da hört er plötzlich seinen Namen.

»Paul«, sagt Frau Rübsam, »möchtest du nicht den Kaspar spielen?« Und sie lächelt ihn aufmunternd an.

Kaspar war der schwarze von den drei Königen, das hat Frau Rübsam ja eben erzählt. Aber Paule will kein schwarzer König sein, sondern Gabriel über dem Stall.

»Nein«, sagt Paule deshalb, »lieber den Engel Gabriel.«

»Den Engel Gabriel!«, brüllt da Viktor von gegenüber, den Paule sowieso nicht mag. »Der war doch kein Neger!«

Paule merkt, wie er innen drin ganz wütend wird.

»Paule soll Kaspar sein, oh ja, Paule soll Kaspar sein!«, rufen jetzt auch ein paar Mädchen.

»Will ich aber nicht!«, schreit Paule und knallt seine Federtasche laut auf den Tisch.

»Paul«, sagt Frau Rübsam mahnend, »nicht gleich so heftig!«

»Paule kann gar nicht der Engel sein, Frau Rübsam, Engel sind ja immer weiß«, sagt Gesa wichtig.

»Engel sind auch blond!«, ruft Sarah dazwischen. Sarah ist nämlich selber blond.

»Ja, Paul«, sagt Frau Rübsam, »ich weiß nicht recht …«

Aber Paule ist schon aufgesprungen. Er hasst sie alle, oh, wie er sie hasst!

»Es gibt sowieso gar keine Engel!«, brüllt Paule und stürzt aus der Klasse. Die Tür lässt er ganz laut hinter sich zuknallen.

Sie sind alle so gemein! Wenn Paule Viktor erwischt oder Gesa, wird er es ihnen schon heimzahlen. Und zur Schule geht er auch nicht mehr. Sollen sie doch sehen, wo sie ihren Kaspar herkriegen! Er jedenfalls spielt den nicht, Paule nicht.

Mama ist ziemlich erstaunt, als so früh am Morgen schon wieder Paule vor der Tür steht.

»Nanu?«, fragt Mama. »Frau Rübsam krank?«

Paule schüttelt den Kopf. Plötzlich hat er so ein warmes Gefühl, als ob er weinen muss.

»Ich soll Kaspar sein!«, ruft er und wirft seine Arme ganz fest um Mamas Bauch, sodass sie fast umgefallen wäre. Seine Stimme wackelt schon und dann kommen auch die Tränen.

Ein Glück, dass Mama ganz lange warten kann, bis er ihr alles erklärt hat, und dass sie gar nicht ungeduldig wird. Sie knuddelt ihn nur ein bisschen, wenn er vor Weinen nicht reden kann, und nach und nach versteht sie die ganze Geschichte.

»Und jetzt bist du also ganz traurig?«, fragt Mama und gibt Paule ein Taschentuch.

Paule nickt und schnupft sich die Nase aus.

»Ich spiel den ollen Kaspar nicht!«, sagt
Paule. »Ich will den Gabriel!«
Mama nickt. »Du kannst da bloß nichts
machen, wenn sie dich als Gabriel nicht
so gerne haben wollen«, sagt sie. »Es
konnten ja auch nicht alle Mädchen
Maria sein, oder?«
Paule schüttelt den Kopf, aber er hat
irgendwie das Gefühl, dass es doch nicht
ganz das Gleiche ist.
»Ich weiß mit Engeln nicht so genau
Bescheid«, sagt Mama und gibt Paule
ein neues Taschentuch. »Aber wenn es
welche geben sollte, was ich nicht so
ganz glaube, und wenn sie dann auch
noch so aussehen sollten wie Menschen,

was ich noch viel weniger glaube, dann gibt es bestimmt mit jeder
Hautfarbe welche und mit jeder Haarfarbe und mit allen mög-
lichen Nasen und sogar mit krummen Beinen, denke ich mir.«
Das kann sich Paule nun wieder nicht vorstellen, weil er an den Engel Gabriel im Fernsehen denken muss und wie feierlich der war. Der
jedenfalls hatte bestimmt keine krummen Beine.
»Du kannst nicht verlangen, dass du der Gabriel bist«, sagt Mama.
»Auch wenn du traurig bist. Wenn sie ein anderes Kind wollen, dann
musst du das schon hinnehmen. Zähneknirschend«, sagt Mama und
trinkt einen Schluck Kaffee.
»Die blöde Sarah, was?«, fragt Paule, weil er sich vorstellt, wie Sarah
mit ihren blonden Haaren über dem Stall schwebt.

Mama tut, als hätte sie das gar nicht gehört. »Aber du *musst* nicht den König Kaspar spielen, wenn du das nicht möchtest«, sagt Mama. »Du kannst ja auch einfach ein Hirte sein oder den Vorhang auf- und zuziehen, zum Beispiel.«

Das möchte Paule nun auch nicht so gerne, aber da klingelt es an der Tür und Andreas steht davor.

»Ich soll dich abholen«, sagt Andreas.

Paule schüttelt den Kopf. Morgen geht er da vielleicht wieder hin. Aber heute nicht. Heute ist es ihm viel zu schrecklich. Nachher lachen sie alle, weil er abgehauen ist. Nein, heute geht Paule nicht.

»Du kannst nun doch der Gabriel sein«, sagt Andreas. »Aber jetzt heult Sarah, weil sie gerne Engel sein wollte.«

»Die olle Ziege«, sagt Paule.

»Paule!«, sagt Mama, weil sie Schimpfwörter nicht mag.

Das ist Paule ganz egal. »Und wer ist jetzt der Kaspar?«, fragt er.

»Ich«, sagt Andreas. »Ich mal mir das Gesicht mit Schuhcreme an. Kommst du jetzt?«

Eigentlich kann Paule dann ja auch mitgehen. Er wird ein ungeheuer feierlicher Gabriel sein.

»Heute Mittag gibt's Fischstäbchen«, ruft Mama ihm nach. Manchmal kann die Welt richtig schön sein.

Die nächsten Wochen üben sie jeden Tag an ihrem Stück. Leider darf Paule nicht wirklich über dem Stall schweben.

»Man könnte es mit einem Seil machen«, schlägt er vor, aber Frau Rübsam sagt, es ist zu gefährlich.

Also steht Paule ganz vorne auf der Bühne, wenn er »Ich verkündige euch große Freude« sagt.

Es ist sein einziger Satz, aber er sagt ihn ganz feierlich und breitet dabei die Arme aus wie der Engel im Fernsehen. Die Flügel hat er mit Papa zusammen aus Styropor und Alufolie gebastelt.

Andreas ist ein toller Kaspar. Er hat einen rot gefärbten Judoanzug an und eine Krone auf dem Kopf, und im Gesicht hat er ganz dick dunkles Make-up, weil seine Mutter ihm Schuhcreme nicht erlauben wollte.

Trotzdem ist Andreas nicht zufrieden.

»Da kommt man sich doch doof vor, wenn man sich vor so 'ne olle Puppe hinkniet und ihr Geschenke bringt!«, sagt Andreas. »Dieser winzige Jesus ist doch eigentlich die wichtigste Person im Stück! Der müsste doch ein Mensch sein, keine Puppe!«

Aber Paule ist das ganz egal. Er sagt seinen feierlichen Satz auch, wenn in der Krippe Katrins neue Babypuppe liegt. Man kann sie sowieso nicht sehen.

Dann kommt der Weihnachtselternabend. In der Nacht vorher kann Paule fast nicht schlafen und der Nachmittag ist überhaupt fürchterlich lang.

Zum Glück sollen die Kinder schon eine halbe Stunde vor den Eltern da sein, damit sie sich noch umziehen und die Bühne richten können. Aber als Paule Andreas abholen will, ist der nicht mehr zu Hause.

»Der ist lange weg«, sagt Britta, die allein ist, weil ihre Mutter noch Weihnachtseinkäufe macht.

Paule ist wütend. Andreas hätte ja wenigstens Bescheid sagen können, denkt er. Wo sie sonst immer zusammen gehen. Aber dann trifft er Viktor, der auch gerade losgeht, und da geht er eben mit dem.

Paules Beine sind wie Gummi. Viktors auch, sagt der. Überhaupt ist er heute ganz nett. Er sagt immer wieder seinen Satz »Lasst uns nun nach Bethlehem gehen«, und dann sagt Paule seinen Satz »Ich verkündige euch große Freude«, und dann singen sie noch ein bisschen »Stille Nacht«, weil das am Schluss die ganze Klasse mit dem Publikum zusammen singen soll. Das Publikum sind die Eltern.

Als sie in der Schule ankommen, sind schon fast alle Kinder da. Frau Rübsam sieht auch ein bisschen aufgeregt aus und hilft beim Zuknöpfen und Schleifenzubinden und Schminken.

Katrin muss plötzlich ganz furchtbar weinen, weil sie so aufgeregt ist und nicht mehr Maria sein will, und Gesa sagt ganz schnell, dass sie es dann macht, aber das will Katrin auch nicht und hört auf mit Weinen.

Dann fehlt das riesengroße Stoffschaf von Olaf, das die Hirten dem Kind schenken sollten, und Olaf fällt ein, dass er es noch extra mit nach Hause genommen hat, damit seine Mutter es sauber macht, und nun hat er es vor Aufregung vergessen.

Aber Frau Rübsam sagt, das ist nicht so schlimm, und gibt den Hirten ihren rosa Pelzmantel als Geschenk für das Kind.

»Der ist ja rosa!«, sagt Sarah. »Die Hirten hüten doch Schafe, die sind doch nicht rosa!«

»Egal«, sagt Frau Rübsam energisch und nimmt Katrin noch schnell ganz fest in den Arm, weil die vor Aufregung schon wieder ein bisschen weinen muss.

Und dann geht der Vorhang auf, zuerst sind nur Maria und Josef auf der Bühne und suchen ein Zimmer für die Nacht und ein paar andere Kinder sind Bürger von Bethlehem und sagen: »Hier ist nichts frei«, oder: »Tut uns leid.«

Keiner hat bis jetzt seinen Satz vergessen und Paule hinter der Bühne wird es immer komischer in den Beinen. Dann haben Maria und Josef den Stall gefunden und setzen sich neben die Krippe. Katrin macht plötzlich ein ganz merkwürdiges Geräusch, als sie sich über die Krippe beugt, und Paule denkt erschrocken, jetzt fängt sie doch noch an zu heulen, aber Katrin zittert nur und starrt auf die Krippe.

»Jetzt du«, sagt Viktor, der hinter Paule steht, und gibt ihm einen Schubs, dass Paule fast auf die Bühne stolpert.

Er versucht ganz langsam und ernst zu gehen, aber mit den Gum-

miknien und dem langen Engelskleid ist das gar nicht so einfach. Er schielt ein bisschen ins Publikum, ob er Papa und Mama entdeckt, und da sitzen sogar noch Oma und Opa, und Opa kneift ein Auge zu und zwinkert.

Zwei Reihen davor sitzt Olafs Mutter mit dem Schaf auf dem Schoß und es sieht wirklich viel sauberer aus als bei den Proben.

Und dann steht Paule ganz vorne und breitet seine Arme aus, sodass auf seinem Rücken die Flügel aufklappen, die mit Gummiband an seinen Ärmeln festgemacht sind, und er sagt mit seiner feierlichsten Stimme: »Siehe, ich verkündige euch große Freude!«

Jetzt sollte eigentlich der Engelschor, der hinter ihm auf die Bühne gekommen ist, die erste Strophe von »Vom Himmel hoch« singen. Aber der Chor singt nicht. Das ist nicht der Chor, der da plötzlich laut und verzweifelt brüllt.

Das kommt aus der Krippe, neben der Katrin immer noch sitzt und zittert. Ein fürchterliches Gebrüll, das Paule ganz gut kennt, weil er es oft hört, wenn er bei Andreas ist und spielt.

Bette! In der Krippe liegt Bette und brüllt!

Deshalb war Andreas also schon losgegangen: Er wollte Bette in die Krippe schmuggeln!

Und natürlich fängt jetzt Katrin doch noch an zu weinen und der Engelschor singt auch nicht und alles ist ganz furchtbar durcheinander.

Wenn jetzt nicht gleich etwas passiert, ist das ganze schöne Krippenspiel kaputt, das weiß Paule, und deshalb geht er zur Krippe und holt Bette heraus. Er merkt, wie ihm dabei das Flügelgummiband reißt, aber das ist jetzt auch egal.

Bette ist sofort still, als Paule sie hochhebt, und es ist nur ein Glück, dass er sie bei Andreas schon öfter auf dem Arm hatte und weiß, wie man Babys tragen muss.

In der Weihnachtsgeschichte steht natürlich nichts davon, dass der Engel Gabriel das Kind aus der Krippe holt, aber das kann Paule nun auch nicht mehr ändern. Bette soll mit ihrem Gebrüll nicht das ganze Stück kaputt machen! Also hebt Paule sie hoch zum Zuschauerraum und sagt seinen Satz noch einmal.

»Siehe, ich verkündige euch große Freude, denn das ist nämlich unser kleines Jesuskind«, sagt Paule und ist sehr zufrieden, weil es doch wirklich so aussieht, als ob das zum Stück dazugehört.

Dann will er Bette hinter die Bühne tragen, aber Frau Rübsam steht schon

neben ihm und nimmt sie ihm aus den Armen, und Paule merkt plötzlich, dass ihm die Knie überhaupt nicht mehr zittern und er kein bisschen mehr aufgeregt ist.

Deshalb sagt er gleich noch: »Und jetzt singt der Engelschor«, und danach geht das Stück ganz prima weiter, fast wie auf den Proben.

Die Hirten bringen den Seehundsmantel und die drei Könige bringen Gläser und Vasen, und man kann genau sehen, dass Andreas ganz schön Angst davor hat, was nach dem Stück mit ihm passiert.

Im Zuschauerraum gibt Frau Rübsam Andreas' Mutter Bette auf den Arm und Opa zwinkert wieder zu Paule hoch. Dann singen alle zusammen »Stille Nacht« und der Elternabend ist aus.

Ein prima Elternabend, findet Paule und ist stolz auf sich. Er war bestimmt ein ziemlich guter Gabriel.

Andreas ist schon verschwunden, sonst hätte Paule ihm noch ganz schön was erzählt.

Am Ausgang stehen Mama und Papa, Oma und Opa.

»Na?«, sagt Paule und ist fast ein bisschen verlegen.

Papa drückt ihn ganz fest und Mama klopft ihm auf die Schulter.

»Ganz toll, Kollege«, sagt Opa und Oma hat sogar ein bisschen geweint.

»Stellt euch bloß mal vor, die olle Sarah hätte den Gabriel gespielt«, sagt Paule auf dem Rückweg zufrieden. »Die wäre doch vor Schreck in Ohnmacht gefallen bei dem Gebrüll, und was dann?«

»Ein fürchterlicher Gedanke«, sagt Papa.

»Dann wäre das ganze Stück im Eimer gewesen, bloß weil sie blonde Haare hat«, sagt Paule.

»Nicht auszudenken«, sagt Papa.

# Nikolaustag im Möwenweg

Am Freitagnachmittag haben Fritzi und Jul und Tieneke bei uns an der Haustür geklingelt.

»Kommst du mit?«, hat Fritzi gerufen. »Ins Rathaus?«

»Was?«, hab ich gefragt.

»Stiefel abgeben!«, hat Jul gesagt. »Für den Nikolaus!«

Dann hat Tieneke erzählt, dass ihre Mutter in der Zeitung gelesen hat, dass alle Kinder am Abend vor dem Nikolaustag ab siebzehn Uhr einen Stiefel ins Rathaus bringen dürfen, und wenn sie Glück haben, tut der Nikolaus da nachts was rein. Am Nikolaustag können sie die Stiefel dann morgens ab neun Uhr wieder abholen.

Mama hat gesagt, ich darf gerne gehen, aber ich soll Maus mitnehmen. Und da wollte Petja logisch auch mit.

Ich musste sowieso meine Gummistiefel noch ordentlich abschrubben, weil ich doch einen davon bei uns im Wohnzimmer auf die Fensterbank stellen wollte. Und in schmutzige Schuhe steckt der Nikolaus nichts, sagt Mama.

Ich nehme zum Nikolaustag immer meine Gummistiefel, weil da am meisten reingeht. Aber Mama sagt, damit hat es nichts zu tun. Dann würden kleine Kinder ja immer weniger vom Nikolaus kriegen als große Kinder, und nur, weil ihre Füße noch kleiner sind. So gemein kann der Nikolaus wohl nicht sein.

Maus hat seine Gummistiefel auch schnell noch abgewischt, aber nur mit einem Stück Küchenpapier. Da sahen sie eigentlich noch genauso aus wie vorher. Wenn ich der Nikolaus gewesen wäre, hätte ich ihm da vielleicht nichts reingetan.

Petja hat einen Fußballschuh genommen. Er hat gesagt, den muss er nicht putzen. Der Nikolaus findet es geil, wenn er auch mal ein bisschen echten Fußballerschweiß riechen kann.

Mama hat gesagt, da ist sie sich aber gar nicht so sicher. Und dass er nicht geil sagen soll.

Am Rathaus haben sich schon ganz viele Kinder mit ihren Eltern vor einem langen Tisch gedrängelt, und die Frau, die einem sonst immer erklärt, wo die Zimmer sind, hat die Stiefel angenommen und so kleine Aufkleber mit Namen draufgeklebt.

Bei Maus hat sie vorsichtshalber noch mal nachgefragt. »Heißt du wirklich Maus?«, hat sie gefragt.

Ich wollte mich schon grade einmischen, aber Maus hat mich gar nicht gelassen.

»Ich heiß ja wohl nicht Katze!«, hat er gesagt und der Frau einen winzig kleinen Vogel gezeigt. Dabei weiß er ja genau, dass man das bei Erwachsenen nicht darf. »Ich heiß ja wohl nicht Hund! Ich heiß ja wohl nicht Hulubulu!« Und er wollte sich totlachen.

Die Frau hat auch gelacht. »Na, der Nikolaus wird schon wissen, wer du bist«, hat sie gesagt.

Jul war es ein bisschen peinlich, als sie ihren Stiefel abgegeben hat. Sie ist ja schon in der fünften Klasse. Aber die Frau hat gesagt, sie darf. Und Petja ist ja sowieso nie was peinlich, wenn er Süßigkeiten kriegen kann.

Auf dem Rückweg haben wir Vincent und Laurin getroffen, die hatten eine Milchkanne dabei und sollten grade Milch vom Bauernhof holen. Aber als sie gehört haben, was im Rathaus los war, sind sie sofort nach Hause zurückgestürmt, um ihre Stiefel zu holen.

»Aber hinterher ist es zu spät zum Milchkaufen!«, hab ich ihnen nachgeschrien.

»Milch gibt es jeden Tag, aber Nikolaus gibt es nicht jeden Tag!«, hat Vincent zurückgebrüllt. Ich glaube, langsam wird er fast genauso frech wie Petja.

Als ich klein war, konnte ich in der Nacht vor Nikolaus nie schlafen, weil ich immer gehorcht habe, ob ich den Nikolaus vielleicht mal erwische, wenn er uns die Süßigkeiten in die Stiefel füllt. Ich wollte so gerne wissen, wie er ins Haus kommt, wo doch alles abgeschlossen ist. Aber jetzt schlafe ich eigentlich meistens ganz gut.

Am Morgen bin ich davon aufgewacht, dass Maus ganz laut die Treppe nach oben getobt ist. »Er war da!«, hat Maus gebrüllt und meine Zimmertür aufgerissen. »Guck mal, Tara, was der Nikolaus mir gebracht hat!«

Aber ich wollte lieber zuerst sehen, was der Nikolaus mir gebracht hatte. Ich bin ins Wohnzimmer gesaust und da stand mein Stiefel auf der Fensterbank und daneben lagen auch noch zwei eingewickelte Päckchen. (In dem Papier war im letzten Jahr mein Discman gewesen.)

Im Stiefel steckten ein großer Schokoladenweihnachtsmann und drei kleine Schokoladenteile in Glitzerpapier mit Goldfaden dran und ein winzig kleines Paket mit Papiertaschentüchern, da waren ganz süße Bilder drauf. Die waren so niedlich! Die nehme ich bestimmt nie zum Naseputzen. Da wären sie ja vergeudet.

Ganz unten waren natürlich wieder ein paar Mandarinen in den Schuh gequetscht, damit nicht so viel reinpasst. Das könnte der Nikolaus vielleicht mal anders machen, finde ich.

Und was war wohl in den Päckchen, die neben dem Stiefel lagen? Die gestreifte Mütze und die Handschuhe, die zu meinem Adventskalenderschal passen! Da muss in den weichen Päckchen am Kalender ja etwas anderes sein. Ich hab aber keine Ahnung, was.

Ich hab sofort bei Tieneke angerufen und ihr erzählt, dass ich jetzt auch die gleiche Mütze und die gleichen Handschuhe habe wie sie. Tieneke hat gesagt, sie hatte ganz viel Marzipan in ihrem Stiefel (Tieneke mag Marzipan gerne, aber ich nicht so), und dann hatte sie noch eine ganze Menge Päckchen, das waren auch alles Anziehsachen. Aber in einem war ein Radio drin, das man mit zum Duschen nehmen kann. Ist das nicht eine tolle Idee? Ich mag aber eigentlich lieber in der Badewanne baden.

Wir wollten gleich losgehen zum Rathaus, aber Mama hat gesagt, wenigstens ein kleines Schüsselchen Müsli müssen wir noch essen. Nur von Schokolade kann man sich auch am Nikolaustag nicht ernähren.

Genau da haben Vincent und Laurin geklingelt und gefragt, ob wir mitkommen zum Rathaus. Ihre Mutter hatte am Abend vorher noch ziemlich doll mit ihnen geschimpft wegen der Milch. Sie sollten darum jetzt auf dem Weg zum Nikolaus ein Paket Milch aus dem Supermarkt mitbringen.

Petja war natürlich noch im Schlafanzug, aber er hat sich blitzschnell angezogen und dann haben wir Tieneke und Fritzi und Jul abgeholt.

Man kann sich gar nicht vorstellen, was für ein Gedränge es am Rathaus gab! Die Frau aus dem Informationshäuschen war auch wieder da, aber neben ihr stand der Nikolaus in einem roten Mantel und mit einem weißen Bart, und wenn ein Kind gekommen ist, musste es der

Frau seinen Namen sagen. Dann hat sie den Schuh rausgesucht und ihn dem Nikolaus gereicht. Der hat ihn dann dem Kind gegeben. »Du musst leider vielleicht meinen vielleicht auch holen, Tara«, hat

Maus gesagt und sich so hinter meinen Rücken gedrängelt. »Ich erlaub dir das. Mein Bauch tut so weh.«

Ich hab aber natürlich gewusst, dass er nur Angst vor dem Nikolaus hatte.

Der Nikolaus hat mir meinen Stiefel gegeben und den Stiefel von Maus noch dazu und dann hat er mit so einer ganz tiefen Nikolausstimme gesagt: »Maus, soso, Maus, jaja! Jaja, das ist ein braves Kind, das steht in meinem Himmelsbuch! Aber wo ist Maus denn bloß?«

Da ist Maus blitzschnell hinter meinem Rücken vorgekommen und hat »Hier! Hier bin ich, Herr Weihnachtsmann!« geschrien. »Ich kann auch ein Gedicht!« Die Weihnachtsmänner vor den Kaufhäusern in der Stadt wollen doch immer, dass man ihnen ein Gedicht aufsagt, bevor sie einem einen kleinen Schokoladenweihnachtsmann geben oder eine winzige Flasche Duschgel. »Es treibt der Wind im Winterwalde die Flockenherde wie ein Hirt!«, hat Maus gerufen. »Und manche Tanne ...«

Aber der Nikolaus hat ihn unterbrochen und mit seiner tiefen Stimme gesagt, schön, schön, aber es warten ja noch so viele andere Kinder.

Eins von den anderen Kindern war natürlich Petja. Der Nikolaus hat ihn lange angeguckt und dann hat er gesagt: »Petja, soso, Petja, jaja! Warst du denn auch immer brav?«

Petja hat seinen gefüllten Fußballschuh genommen und gesagt, logisch war er das. »Aber ich kenne einen, der macht immer nur Scheiß!«, hat Petja gesagt und auf Vincent gezeigt. »Dem sollten Sie vielleicht nichts geben, Herr Nikolaus.«

Aber natürlich hat Vincent seinen Schuh trotzdem gekriegt und es war auch bei uns allen genau gleich viel drin.

Am Montagmorgen haben Tieneke und ich zur Schule unsere Zwillingssachen angezogen. Caro hat auch sofort gesagt, dass wir ja ganz genau die gleiche Mütze und die gleichen Handschuhe und den gleichen Schal haben und dass sie das toll findet.

»Vielleicht wünsch ich mir das auch!«, hat sie gesagt.

Tieneke und ich haben gefunden, dass sie das darf. Dann sind wir eben Winterdrillinge, das ist ja noch besser.

Und dann gab es noch eine Überraschung. Als wir in die Klasse gekommen sind, lag auf jedem Platz ein Weihnachtsmannlolli aus Schokolade!

»Jaja, der Nikolaus muss wohl auch zu uns in die Schule gekommen sein!«, hat Frau Streng gesagt. War das nicht schön? Eigentlich hatte ich ja schon längst genug Schokolade, aber wenn man sie in der Schule kriegt, ist es noch mal etwas ganz anderes und sehr besonders. Die Schokolade schmeckt auch irgendwie besser, finde ich.

Dann hat Frau Streng gesagt, dass wir am Donnerstag mit unserer

Klasse im Altersheim vorflöten sollten. Da war die Weihnachtsfeier für die Bewohner. Toni sollte sogar noch mal ihre lustige Weihnachtsgeschichte vorlesen und die ganze Klasse sollte »Lasst uns froh und munter sein« singen.

Natürlich hatten nicht alle Kinder am Donnerstag Zeit, aber wir waren doch neun Mädchen und sechs Jungs, die mitkommen wollten. Da hab ich mich gefreut und gedacht, dass es keine Zeit im Jahr gibt, in der man so viel vorführt wie in der Vorweihnachtszeit und so viel Beifall kriegt. Es war nur schade, dass Tieneke und Caro und Kiki und ich unser Ballett nicht auch noch mal tanzen sollten. Das hätte den alten Leuten bestimmt richtig gut gefallen.

(In den weichen Paketen an meinem Päckchenkalender waren übrigens drei ganz niedliche Unterhosen in Weiß und Rosa und Gelb mit einem kleinen Hund vorne drauf. Die zieh ich immer an, wenn wir Sport haben. Dann sehen die anderen sie alle, wenn wir uns umziehen.)

# Krippenspiel mit Hund

Ich heiße Lisa und seit gestern bin ich in richtig guter Weihnachtsstimmung. Und alles nur wegen Törtel.

Am Montag nach Totensonntag ist nämlich Herr Rieger in die Klasse gekommen und hat gesagt, dass wir ein Krippenspiel aufführen
wollen. Nur leider konnten nicht alle eine richtige Rolle kriegen. Ich
wollte gerne den Engel, aber das hat nicht geklappt. Ich kann leider
nicht so gut auswendig lernen.

Aber Herr Rieger hat gesagt, wir anderen sollten alle nicht traurig
sein. Für ein Krippenspiel braucht man nämlich auch einen Chor,
der singt die ganzen Weihnachtslieder, und dazu muss man auch seine allerbesten Sachen anziehen. Ich hab gedacht, dass ich sonst ja
ganz gerne in meinem besten blauen Kleid was vorsingen will, aber
so gut wie Engel ist es eben doch nicht.

In der Pause hab ich mich zu Metin und Aytül auf die Bank gesetzt
und von Metins Chips gegessen.

Metin und Aytül sollten natürlich auch ihre besten Sachen anziehen
und Chor sein.

»Mir ist das ganz egal«, hat Metin gesagt. »Türken feiern sowieso
nicht Weihnachten. Türken scheißen auf ein Krippenspiel.«

115

Und Aytül hat gesagt, dass man nicht scheißen sagen darf, aber dass sie trotzdem gerne was auf der Bühne vorführen möchte. Das hat doch nichts mit Türken zu tun.

Da ist gerade der schmuddelige Kevin gekommen und wollte auch Chips, weil er ja nie Schulbrot mitkriegt, und er hat gesagt, er ist froh, dass er nicht mitmachen muss. Auswendiglernen ist Kack.

Ich wollte gerade sagen, dass Kack auch kein gutes Wort ist, da hat Jeremiah über meine Schulter in die Chipstüte gelangt. Und er hat gesagt, wenn wir wollen, können wir doch am Nachmittag unser eigenes Krippenspiel einüben, ganz geheim.

Da hab ich gemerkt, wie ein kleines bisschen von dem kribbeligen Gefühl zurückgekommen ist.


Als ich wieder zu Hause war, hat das Telefon geklingelt.

»Lisa?«, hat Martin am anderen Ende gesagt. Martin ist der beste Freund von Erdogan und Erdogan ist Elektriker und schon ziemlich lange Mamas Freund. »Kannst du mir Törtel abnehmen? Ich muss zu einer Messe fahren.«

Ich hab ein bisschen geseufzt und gesagt, okay, ich kann. Törtel ist nämlich Martins Hund und er ist wirklich nett. Nur leider ist er ein sprechender Hund und das glaubt mir kein Mensch. Weil das blöde Tier nämlich immer nur mit mir redet, darum.

Aber als ich Törtel dann an der Leine hatte und mit ihm zum Bolzplatz gegangen bin, hab ich gemerkt, dass ich doch wieder so froh geworden bin, wie ich das immer werde, wenn ich Törtel haben darf. Und da hab ich ihm von unserem Krippenspiel erzählt.

»Und wehe, du störst uns dabei!«, hab ich ganz streng zu ihm gesagt. »Hunde haben bei Krippenspielen nämlich nichts zu suchen!«

»Ich weiß, mein Kind, ich weiß«, hat Törtel gesagt und sein Bein an einer Laterne gehoben.

Als ich beim Bolzplatz angekommen bin, waren die meisten schon da. Ludwig und Hansi wollten jetzt auch noch mitmachen, die waren gerade erst aus Russland gekommen und konnten noch nicht richtig Deutsch.

Kevin hat gesagt, dann können sie nicht mitspielen, für ein Krippenspiel muss man Deutsch können, aber Jeremiah hat gesagt, das ist Quatsch. Die Weihnachtsgeschichte spielt in Judäa, das ist irgendwo beim Mittelmeer und da hat damals auch kein Mensch Deutsch gesprochen.

Jeremiah weiß nämlich solche Sachen ganz genau, weil seine Eltern doch aus Ghana kommen und immer mit ihm in die afrikanische Kirche gehen. Da kennt sich Jeremiah natürlich von uns allen am besten mit Gott aus, und darum war auch gleich klar, dass er der Boss sein musste.

Kevin hat die ganze Zeit Törtel gestreichelt. »Das ist doch dein Bauchredner-Hund, oder?«, hat Kevin gefragt.

Ich hab nämlich beim Schulfest mit Törtel eine Bauchredner-Nummer vorgeführt. Aber in Wirklichkeit hat da natürlich Törtel geredet.

Zum Glück ist in diesem Moment Aytül gekommen mit ihrer Schwester Lütfiye in der Karre.

»Da ist Aytül!«, hab ich geschrien. »Die kann Maria sein!«

»Warum bringst du denn das Baby mit?«, hat Jeremiah gefragt. »Wie sollen wir denn da üben?«

Aber Aytül hat gesagt, sie muss eben auf Lütfiye aufpassen und Lisa hat schließlich auch ihren Hund dabei.

Da hat Jeremiah geseufzt und gesagt, na gut, dann fangen wir an.

Zuerst mussten natürlich die Rollen verteilt werden. Dazu haben wir uns alle so in eine Reihe gestellt. Aytül ist Maria geworden und Lüt-

fiye durfte Jesus sein, obwohl sie doch ein Mädchen ist. Jeremiah hat gesagt, bei einem Baby ist das ganz egal. Da kann kein Mensch den Unterschied sehen.

Dann hab ich mich gemeldet und gefragt, ob ich bitte der Engel sein darf. Ich hab mir vorgestellt, wie ich in Mamas weißem Sleepshirt auf die Bühne komme, und da bin ich wieder ganz glücklich gewesen.

Als Nächstes sollte Josef drankommen, und da hat Jeremiah gleich gesagt, dass er das macht. Schließlich fängt Josef auch mit Jot an.

Aber Kevin hat ihm einen Vogel gezeigt und gesagt, er weiß ganz genau, dass Josef kein Neger war. Und Metin hat gesagt, Neger sagt man nicht, es heißt Schwarzafrikaner. Und Kevin hat gesagt, ein Schwarzer war Josef aber auch nicht.

Jeremiah hat gebrüllt, das war er aber doch. »Ihr kennt euch mit der Bibel ja nur nicht aus!«, hat er geschrien. »Da steht, dass Jesus Gottes eingeborener Sohn war, und Eingeborene sind ja wohl schwarz!«

Das hat natürlich gestimmt, und ich hab ganz schnell zu Lütfiye in der Karre geguckt und gedacht, dass wir sie dann für die Aufführung auch noch schwarz schminken müssen. Mich hat nur gewundert, dass da früher noch keiner draufgekommen ist.

Ich war ein kleines bisschen neidisch auf Aytül, weil sie nun mit Jeremiah verheiratet sein durfte und ich durfte das nicht. Jeremiah ist nämlich leider mit Abstand der beste Junge in der Klasse.

Als Nächstes haben wir die drei Könige gebraucht, das sollten Kevin und Hansi und Ludwig sein. Aber Kevin hat gesagt, mit Hansi und Ludwig spielt er nicht. Die können nicht richtig Deutsch und außerdem waren die Heiligen Drei Könige auch nicht aus Russland.

Da hat Törtel blitzschnell seinen Kopf aus Kevins Hand weggezogen.

»Was soll das denn nun wieder heißen?«, hat Törtel mit einer ganz bösen Stimme gesagt.

»Aus Deutschland waren die Heiligen Drei Könige sicherlich auch nicht! Da könnten Hansi und Ludwig mit dem gleichen Recht sagen, dass sie nicht mit dir spielen wollen!«

Kevin ist vor Schreck fast in Ohnmacht gefallen. Er hat Törtel immer so angestarrt und dann hat er zu mir hingeguckt.

»Sie bauchredet wieder!«, hat er geflüstert.

»Lisa bauchredet wieder!«

»Da kannst du mal sehen!«, hab ich ganz streng gesagt. »Bist du jetzt König oder nicht? Mit Ludwig und Hansi zusammen?«

Und Kevin hat genickt und gesagt, das geht schon in Ordnung. Da fehlten uns nur noch die Hirten.

Leider haben wir dafür aber nur noch Metin gehabt und der hat die ganze Zeit mehr so am Rand gestanden und sich nicht eingemischt.

»Du kannst ja wenigstens schon mal ein Hirte sein!«, hat Jeremiah gesagt. »Zur Not.«

Aber Metin hat den Kopf geschüttelt. »Ich weiß nicht, ob das für Türken geht«, hat er gesagt. »Keine Ahnung.«

Da ist Aytül gekommen und hat gesagt, das geht logisch für Türken. Wenn sie Maria ist, kann Metin schließlich auch ein Hirte sein. Er kommt dann eben nicht, um das Kind anzubeten, weil Moslems ja nicht glauben, dass Jesus Gottes Sohn ist. Der ist nur ein kleiner Prophet. Und Metin kann doch einfach ein Hirte sein in dem Stück, wo der kleine Prophet geboren wird.

Metin hat sehr nachdenklich ausgesehen, und Aytül hat gesagt, sie sitzt ja auch die ganze Zeit neben der Krippe und guckt ihre kleine Schwester an und denkt: Du bist nur ein kleiner Prophet, du bist nur ein kleiner Prophet. Dann können Moslems das spielen.

Da hat Metin gesagt, dass er vielleicht mitmacht, aber es kann sein, dass er es sich noch anders überlegt.

Da hatten wir unsere Rollen alle festgelegt, und das war auch gut so, weil es nämlich ganz fürchterlich angefangen hat zu regnen. Darum sind wir lieber nach Hause gegangen.

Am nächsten Nachmittag haben wir uns wieder auf dem Bolzplatz getroffen. Da wollten wir üben.

»Aber auswendig!«, hat Jeremiah gesagt. »Maria, mach los.«

Aber leider war Aytül noch nicht dazu gekommen, ihre Rolle auswendig zu lernen, weil die ziemlich lang war. Und außerdem waren das alles so Gedichte, wie kein normaler Mensch sprechen würde. Das haben die anderen auch alle gesagt und Kevin hatte sogar seinen Zettel verloren.

»Und wie sollen wir dann üben, bitte sehr?«, hat Jeremiah geschrien. »Wenn keiner seine Rolle kann? Glaubt ihr, das geht ganz von selbst?«

Das haben wir nicht geglaubt, und darum haben wir Jeremiah versprochen, bis zum nächsten Tag ordentlich zu lernen. Oder wenigstens ein bisschen.

Übrigens bin ich sicher, dass Jeremiah seine Rolle auch noch nicht konnte.

Und damit der Nachmittag nicht ganz vergeudet war, sind wir dann alle zusammen losgegangen und haben eine Bühne gesucht. Weil es doch schließlich keinen Sinn hat, wenn wir da alles ganz toll auswendig lernen und nachher haben wir sowieso keine Bühne.

Wir haben also zuerst in zwei Kirchen gefragt, weil Jeremiah gesagt hat, dass ein Krippenspiel doch ein heiliges Stück ist. Aber leider waren die Kirchen für Weihnachten schon verplant.

»Vielleicht ein andermal«, hat eine nette kleine Frau bei der dritten Kirche gesagt, aber das fanden wir ziemlich blöde. Man kann ein Krippenspiel schließlich nicht zu Ostern aufführen.

Als Nächstes wollten wir zum türkischen Club gehen, aber Metin hat gesagt, er glaubt nicht, dass die uns lassen. Schließlich ist ein Krippenspiel keine richtig türkische Sache, auch wenn wir vorher ansagen, dass der Jesus in unserem Stück Lütfiye ist und nur ein kleiner Prophet.

Da haben wir nicht weitergewusst. Jeremiah hat gesagt, dass wir in der afrikanischen Kirche bestimmt dürften, aber da musste man ziemlich weit mit dem Bus hinfahren. Und das ganze Fahrgeld für uns alle hätten wir ja im Leben nicht zusammengekriegt.

Da hat Jeremiah gesagt, wir sollen jetzt lieber alle nach Hause ge-

hen und unsere Rollen lernen. Sonst brauchen wir sowieso gar keine Bühne.

Und damit hatte er ja recht.

Zu Hause hat nur Erdogan auf dem Sofa gelegen und MTV geguckt, und da hab ich ihm alles erzählt.

»Klingt kompliziert, Lisa«, hat er gesagt und Törtel den Nacken gekrault, dass der richtig verzückt ausgesehen hat. »Vor Weihnachten sind bestimmt alle Bühnen längst ausgebucht. Warum macht ihr es nicht in der Fußgängerzone? Da könnt ihr sogar noch ordentlich Knete machen. Das ist da so üblich.«

Da hab ich gleich wieder dieses gute Kribbeln im Bauch gehabt und ich hab mir Törtel geschnappt und mich mit ihm in meinem Zimmer auf den Fußboden gelegt. Dann hab ich angefangen, meine Rolle zu lernen, und das war wirklich nicht einfach. Aber Törtel hat die ganze Zeit neben mir gelegen, als ob er auch mitgelernt hat. Da ist es richtig gemütlich gewesen.

Am nächsten Morgen hab ich den anderen von Erdogans Vorschlag erzählt und sie fanden ihn auch alle ganz gut.
»Und wofür sammeln wir das Geld?«, hat Jeremiah gefragt.
Das hab ich zuerst nicht verstanden.
»Für uns doch«, hab ich gesagt, aber Jeremiah hat gesagt, nee, nee, vor Weihnachten muss das schon für einen guten Zweck sein. Sonst ruht kein Segen auf dem Geld.
Also haben wir beschlossen, dass das Geld für arme Kinder sein soll, davon gibt es ja genug. Und Jeremiah hat gesagt, zur Probe am Nachmittag sollten wir schon mal alle unsere Kostüme anziehen. Weil wir doch jetzt wussten, wo wir vorspielen wollten.
Da hab ich mich richtig auf den Nachmittag gefreut.
Also hab ich Mamas schönes weißes Sleepshirt angezogen, das war auch praktisch. Es hat gut über die Winterjacke gepasst und darum bin ich auch gleich zum Bolzplatz gesaust.
Da standen die anderen schon alle, und Metin hatte so einen alten zerbeulten Hut auf, da konnte man sich richtig vorstellen, dass er ein Hirte war.
Jeremiah hatte für seine Josefs-Rolle einen dicken Wanderstock, den hatte er von seiner Nachbarin geliehen, die war eine Bergfreundin. Aber Ludwig und Kevin und Hansi hatten gar nichts.

124

»Wie sollen die Leute denn da wissen, dass ihr die Könige seid?«, hab ich gefragt. »Die Heiligen Drei Könige müssen doch feierlich sein!«

Aber Kevin hat gesagt, er scheißt auf Kostüme, Kostüme sind für Babys, und Aytül hat gesagt, dass man nicht scheißen sagen soll. Dann haben wir angefangen.

Als Erstes war der Engel dran, das war ja ich. Ich hab mich also sehr feierlich hingestellt und hab gesagt: »Gebenedeit seist du, Maria, Auserwählte unter den Weibern.«

»Was soll das bedeuten?«, hat Aytül gefragt.

Ich hab die Achseln gezuckt.

»Ich spiel aber nicht die Maria, wenn die gebenedeit ist und ich weiß nicht, was das heißt!«, hat Aytül gesagt. »Nachher ist das was Peinliches!«

Jeremiah hat gesagt, dass er leider auch keine Ahnung hat, und Metin hat gesagt, Türken müssen das nicht wissen, und Ludwig und Hansi konnten noch nicht genug Deutsch. Kevin weiß sowieso nie so viel.

»Dann mach ich nicht mit«, hat Aytül gesagt. »Nicht, wenn du gebenedeit zu mir sagst. Und Weiber auch nicht.«

Da hat Jeremiah sich eingemischt und gesagt, dann lassen wir den Anfang eben weg. »Fang gleich mit der nächsten Zeile an, Lisa«, hat er gesagt. »Los, mach weiter.«

Ich hab mich also wieder feierlich hingestellt, aber mehr konnte ich leider nicht machen. Weil ich doch den Text noch nicht weiter auswendig konnte, den wollte ich später noch lernen.

»Oh, nee, du!«, hat Kevin geschrien. »Jetzt kann die ihren Text nicht!«

»Kannst du deinen Text denn?«, hab ich gefragt. Und da hat sich rausgestellt, dass Kevin den nicht konnte, nicht mal eine einzige Zeile. Und die anderen konnten ihren alle auch nicht, nur Jeremiah. Aber der musste sowieso nur sagen: »Maria, mein liebes Weib.« Und das wollte Aytül nicht. Wegen dem Weib.

»Ach, Scheiße!«, hat Kevin gesagt, und Aytül hat gesagt, dass man Scheiße nicht sagen darf.

»Ja, dann können wir das wohl knicken«, hat Jeremiah gesagt. »Wenn ihr alle nicht gelernt habt. Ein Krippenspiel ohne Text geht eben nicht.«

Da hab ich gemerkt, wie plötzlich eine große Traurigkeit über mich gekommen ist. Weil ich mich so auf das Krippenspiel gefreut hatte und nun konnte nichts daraus werden.

»Wer hat denn behauptet, dass das nicht geht?«, hat da plötzlich eine tiefe Stimme neben mir gesagt. »Ein Krippenspiel, ohne dass die Personen reden?«

Da war die Traurigkeit genauso schnell verschwunden, wie sie gekommen war. Weil Törtel sich eingemischt hat! Und irgendwie hab ich gewusst, dass es dann doch noch klappt.

Aber die andern haben das natürlich nicht gewusst.

»Lass doch den Kack!«, hat Kevin gebrüllt.

»Was soll jetzt die Bauchrednerei?«, hat Jeremiah wütend gefragt. »Findest du das witzig?«

Aber Törtel hat sich ganz manierlich neben mich gesetzt. »Wir spielen ein Krippenspiel mit Hund«, hat er gesagt. »Das ist der Hund des Engels. Und der sagt den Text.«

Da hab ich begriffen, warum Törtel gestern Abend die ganze Zeit mit mir zusammen das Stück gelesen hatte, und ich hab ihm einen Kuss gegeben.

»Was soll denn das, Lisa!«, hat Metin gebrüllt. »Du kannst doch deine Rolle selber nicht!«

»Aber mein Hund kann das doch!«, hab ich geschrien. »Siehst du doch! Mein Hund kann reden!«

Da haben mir alle einen Vogel gezeigt.

Zum Glück hat Törtel begriffen, was jetzt nötig war. »Schon gut, das war ein kleiner Scherz«, hat er mit seiner tiefen Stimme gesagt.

»In Wirklichkeit ist das natürlich Bauchrednerei. Das Publikum wird begeistert sein. Probieren wir es gleich mal aus.«

Da haben mich alle ganz misstrauisch angeguckt, aber dann haben sie vielleicht gedacht, dass Ausprobieren ja nichts kostet.

Ich hab mich wieder ganz feierlich hingestellt, aber diesmal hab ich eine Hand auf Törtels Kopf gelegt und Törtel hat angefangen.

»Es begab sich aber zu der Zeit«, hat Törtel so vornehm gesagt wie ein Sprecher auf einer Kassette, »dass ein Gebot von dem Kaiser Augustus ausging, dass alle Welt sich schätzen ließe.« Und er hat so wunderbar gesprochen, dass es mir eiskalt den Rücken runtergelaufen ist.

Er hat die ganze Weihnachtsgeschichte aufgesagt und wir mussten nur noch die Bewegungen dazu machen. Es war so schön, dass Aytül sich nicht mal mehr darüber beschwert hat, dass sie gebenedeit sein sollte.

Als Törtel fertig war, haben alle eine ganze Weile still dagestanden. Dann ist Jeremiah mir um den Hals gefallen.

»Danke schön, Lisa!«, hat er gesagt. »Ein Krippenspiel mit Bauchrednerin! Das gibt es wetten nirgends auf der Welt!«

»Und das dürfen auch Moslems«, hat Metin entschieden gesagt.

Ludwig hat mir dreimal kurz auf den Bauch geklatscht. »Gutes Bauch!«, hat er gesagt. »Kann gut reden!«

Da haben wir uns alle wie verrückt auf den nächsten Morgen gefreut. Das war ja Samstag und wir wollten in der Fußgängerzone spielen.

Und dann ist die Aufführung wirklich so wunderbar geworden! Aytül hatte ein Schild gemalt in ihrer besten Schrift, auf dem stand: »Für arme Kinder«. Das haben wir an den Topf für das Geld gelehnt.

Als alle da waren, hat sich Metin seinen Hut aufgesetzt und dann
haben wir uns alle richtig an unsere Plätze gestellt. Und unser kleiner
Jesus Lütfiye hat auch ganz lieb auf Aytüls Schoß gesessen und mit
ganz viel Spucke »Brrrrsssssbbbb!« gesagt. Aytül hatte ihr extra noch
ein blaues Mützchen aufgesetzt, damit man denken sollte, dass sie
ein Junge war.
Als Letzte bin ich nach vorne getreten und hab Törtel die Hand auf

den Kopf gelegt. »Hund des Engels, sprich!«, hab ich gesagt, und bestimmt konnten alle Leute merken, wie aufgeregt ich war, so doll hat meine Stimme gezittert.

Und dann hat Törtel losgelegt und er hat sich kein einziges Mal versprochen.

Lütfiye hat in ihre kleinen dicken Hände geklatscht und »Brrrsss-bbb!« geschrien und Metin hat seinen Hut in die Luft geworfen und wir anderen sind alle ungeheuer feierlich gewesen.

Als wir fertig waren, haben die Leute geklatscht und geklatscht, dass ihnen fast die Hände abgefallen sind. »Zugabe!«, haben sie gebrüllt und dann haben sie ordentlich Geld in unseren Topf geworfen.

»Das war ja total geil!«, hat Kevin gesagt. Und Aytül hat gesagt, dass man geil nicht sagen soll.

Die ganze Zeit hat ein Mann Fotos von uns gemacht, am meisten von mir und Törtel.

Als wir fertig waren und die Zuschauer ihr Geld in den Topf geworfen hatten, ist der Mann noch dageblieben. »Ich bin von der Zeitung!«, hat er gesagt. »Das gibt einen schönen Artikel über euch am Montag. Mit Foto!«

Und dann wollte er wissen, wie wir heißen, vor allem ich und mein Hund.

»Das war das beste Krippenspiel, das ich jemals gesehen habe!«, hat der Fotograf gesagt. »Das schreibe ich auch in die Zeitung.«

Das haben wir auch gefunden. Dass es das beste Krippenspiel war, meine ich. Da haben uns die anderen aus der Klasse mit ihrem langweiligen Stück nur noch leidgetan.

Am Schluss haben wir das Geld gezählt und das war wirklich gar nicht wenig.

»Bah, so viel Kohle!«, hat Kevin gesagt. »Und wer kriegt das jetzt?«
Jeremiah hat den Deckel auf den Topf getan und den Topf ganz
vorsichtig getragen. »Arme Kinder«, hat er gesagt.
»Dann her mit der Knete!«, hat Kevin gesagt. »Ich bin ein
armes Kind. Schließlich ist meine Mutter seit drei
Jahren arbeitslos.«
»Dann kriegen Ludwig und Hansi
aber auch was ab!«, hat Aytül

gesagt. »Die kriegen ihre Klamotten immer aus der Kleiderkammer vom Roten Kreuz.«

Aber Jeremiah hat gesagt, das ist alles nicht arm genug. Weihnachten muss man sein Geld für Leute spenden, die richtig arm sind. So arm, dass sie verhungern.

»Das find ich aber nicht«, hat Kevin gesagt.

Da haben wir die Entscheidung vertagt und sind nach Hause gegangen.

»Ich bin Montag in der Zeitung«, hab ich da zu Mama und Erdogan gesagt. Die waren auch ganz begeistert.

Wenn Martin mir Törtel ausleiht, machen wir im nächsten Jahr jede Wette wieder ein Krippenspiel.

## Jenny will auch mal Baum schmücken

Bei Jenny schmückt den Tannenbaum immer der Weihnachtsmann.
»Bei Niko macht das seine Mama«, sagt Jenny am Tag vor Heiligabend. »Und Niko darf helfen. Das ist toll.«
Jenny würde den Tannenbaum auch lieber selber schmücken.
»Bei uns macht das der Weihnachtsmann«, sagt Papa. »Und damit
basta.«
Der Weihnachtsmann ist ein schrecklicher Geheimniskrämer. Immer schmückt er den Baum schon in der Nacht vor Heiligabend und
dann ist am nächsten Morgen die Wohnzimmertür zugeschlossen
und vor der Bescherung darf keiner ins Zimmer. Der Weihnachtsmann möchte nämlich nicht, dass man den Baum schon vorher
sieht, sagt Mama.
»Aber bei Niko macht es ihm doch auch nichts aus!«, sagt Jenny.
»Niko darf den Baum schon den ganzen Tag sehen!«
»Niko ist Niko und du bist du«, sagt Papa. Und als Jenny noch etwas
sagen will, sagt Papa noch einmal schnell »Und damit basta!«.
Am Heiligabend morgens ist das Wohnzimmer natürlich wieder abgeschlossen.

133

»So ein Mist«, sagt Jenny und versucht durchs Schlüsselloch zu gucken.

Aber der Weihnachtsmann war wieder richtig gemein und hat Mamas dunkelrotes Seidentuch von innen über die Klinke gehängt. Man kann überhaupt nichts sehen.

»Weißt du was?«, sagt Jenny, als sie mittags alle Kartoffelsalat essen. »Der Weihnachtsmann würde sich aber doch bestimmt freuen, wenn wir den Baum für ihn schmücken. Wo der so viele schaffen muss. Und auch noch überall woanders. Und alle gleichzeitig. Da würde der sich doch freuen …«

»Fängst du schon wieder an?«, fragt Papa und guckt richtig grimmig.

Nach dem Kartoffelsalat machen sie alle einen schönen Weihnachtsspaziergang im Regen. Dann fangen die Kirchenglocken an zu läuten und es wird langsam dämmerig und da gehen sie wieder nach Hause.

»Ich glaube, jetzt hat der Weihnachtsmann die Bescherung vorbereitet«, sagt Papa und sieht ganz aufgeregt aus. »Ich guck mal nach.« Und er verschwindet im Wohnzimmer.

»Haben wir ihn wieder verpasst!«, sagt Mama.

»Es ist aber auch jedes Jahr das Gleiche!«

»Warum gehen wir denn dann immer spazieren?«, fragt Jenny. Im nächsten Jahr geht sie jedenfalls nicht mit.

Wenn doch der Weihnachtsmann die Geschenke immer gerade dann bringt, wenn sie draußen sind.

Da öffnet sich die Wohnzimmertür. Der Tannenbaum strahlt vom Boden bis zur Decke fast so schön wie im Kaufhaus.

»Oh«, sagt Jenny.

Und dann passiert etwas Wunderbares. Ganz, ganz langsam neigt sich der Baum nach vorne.

»Nein!«, schreit Papa.

Aber der Baum hört nicht auf ihn. Ganz, ganz langsam kippt er auf den Boden.

Die Glaskugeln klirren leise und die elektrischen Kerzen gehen aus.
»Ei!«, schreit Jennys kleine Schwester Lisa und klatscht.

Als sie den Baum wieder hingestellt und am Schrank und am Fensterriegel festgebunden und die Scherben weggeräumt und die Kerzen angeschlossen haben, fällt Jenny etwas ein.

»Wir hätten ihn doch lieber selber schmücken sollen«, sagt sie und fängt an, das erste Geschenk auszupacken. »Der Weihnachtsmann ist einfach schon zu alt für die viele Arbeit.«

Papa nickt traurig. »Nächstes Jahr«, sagt er.

# Jesper und der längste Tag im Jahr

Der längste Tag im ganzen Jahr ist immer der Heiligabend. Wenn man morgens aufwacht, ist es noch dunkel, und dann muss man warten, bis es hell und wieder dunkel wird. Dann ist Bescherung.

Und Spielen macht am Heiligen Abend auch keinen Spaß, weil man so aufgeregt ist, und Fernsehen kann man nicht gucken, weil das Wohnzimmer abgeschlossen ist, und Schlitten fahren wie die Kinder auf den Weihnachtskarten kann man auch nicht, weil natürlich wieder kein Schnee liegt.

»Wenn ich groß bin, zieh ich nach Amerika«, sagt Jesper beim Frühstück düster. In den Ferien frühstückt er immer im Schlafanzug. »Da gibt es die Geschenke schon morgens.«

»Ehrlich wahr, Jesper, gibt's die schon morgens?«, fragt Janna. Sie hat noch kein bisschen von ihrem Brötchen gegessen, obwohl es heute ausnahmsweise Nuss-Schoko-Creme gibt. Wenn man aufgeregt ist, kann man nicht essen.

»In Amerika schon«, sagt Jesper. »Im Strumpf. Und der hängt am Kamin.«

»Und wenn man keinen Kamin hat?«, fragt Janna erschrocken. »Wie wir?«

137

Jesper denkt einen Augenblick nach. »Dann hängt der vielleicht an der Heizung«, sagt er. »Schon morgens. In Amerika.«

Janna zieht nachdenklich mit ihrem kleinen Finger eine Furche durch die Schokoladencreme auf dem Brötchen. Dann leckt sie ihn ab.

»Da will ich trotzdem nicht sein«, sagt sie. »Wenn es da nur einen Strumpf voll gibt. Da passen ja nur ganz kleine Geschenke rein.«

Daran hat Jesper noch gar nicht gedacht. Aber vielleicht ist es dann doch besser, bis zum Nachmittag zu warten, und dafür gibt es was Ordentliches.

»Und nun zieht euch mal ganz schnell an!«, sagt Mama. Sie hat eine Schürze um und sieht noch kein bisschen weihnachtlich aus. »Wir müssen noch so viel erledigen! Da brauch ich doch eure Hilfe.«

Sonst findet Jesper es eigentlich meistens gar nicht so gut, wenn Mama seine Hilfe braucht. Abtrocknen oder Selters aus dem Keller holen oder Tisch decken, zum Beispiel. Aber Heiligabend ist es besser als gar nichts. Da weiß man wenigstens, was man tun kann.

Darum zieht Jesper sich auch ganz fix an, aber natürlich ist Janna trotzdem mal wieder schneller und Jule ist sowieso schon längst angezogen. Jule ist auch kein bisschen aufgeregt. Sie sitzt mit ihrer Puppe Anna-Pouchette unter dem Küchentisch und wäscht sie mit dem Küchenschwamm.

»Also, als Erstes den Kartoffelsalat«, sagt Mama und stellt eine große Schüssel auf den Tisch. »Ich hab schon alles gepellt.«

Am Heiligabend gibt es mittags immer Kartoffelsalat, und immer schnippeln sie ihn erst am Morgen, obwohl Mama seufzt und sagt, dass er eigentlich besser durchzieht, wenn man ihn schon am Abend vorher macht. Aber sie braucht ja Jesper und Janna zum Helfen und das können sie wohl kaum in der Nacht tun.

»Und schön dünn schneiden!«, sagt Mama. »Und nicht in die Finger!« Dann gibt sie Jesper und Janna jedem ein Brett und ein Messer und geht, um die Betten zu machen.

Im Radio spielen sie jetzt lauter Weihnachtslieder und Jesper und Janna schneiden Kartoffeln und unter dem Tisch haut Jule Pouchette mit dem Schwamm auf den Kopf. Es ist richtig schön weihnachtlich.

»Denkt euch, ich habe das Christkind gesehn!«, sagt Janna und schiebt ihre Kartoffelscheiben mit dem Messer in die Schüssel. »Es kam aus dem Walde, das Mützchen voll Schnee …«

»Du wolltest das nicht sagen!«, sagt Jesper böse. Nun hat er sich so viel Mühe mit dem Krippenspiel gegeben und dann fängt Janna doch wieder an. »Wir machen das Krippenspiel!«

»*Und* das Gedicht!«, sagt Janna energisch. »Beides. … mit rot gefrorenem Näschen! Die kleinen Händchen taten ihm weh …!«

»Sagst du nicht!«, schreit Jesper böse. »Sagst du nicht!«

»Denn es trug einen Sack!«, sagt Janna und jetzt schneidet sie gar keine Kartoffeln mehr. Jetzt guckt sie nur immerzu Jesper an und sie lächelt dabei. »Der war gar schwer! Rumpelte und pumpelte hinter ihm her …«

»Sagst du nicht!«, schreit Jesper verzweifelt. »Sagst du nicht!«

Aber Janna lächelt nur weiter. »Was drinnen war, möchtet ihr wissen?«, sagt sie und sie kann es sogar mit Betonung. »Ihr Naseweise! Ihr Schelmenpack! Denkt ihr …«

Da gibt Jesper ihr einen Stoß und Janna brüllt, und Mama kommt und fragt, ob sie verrückt geworden sind, sich zu streiten, am Heiligabend und noch dazu mit einem Messer in der Hand. Da kann doch wer weiß was passieren.

Dann entdeckt sie Jule unter dem Tisch und sie nimmt ihr den Küchenschwamm weg, aber Pouchette hat trotzdem schon überall nasse Stellen auf dem Kleid und sogar im Gesicht. Aber bestimmt kann sie trotzdem noch Jesus sein.

»Na denn!«, sagt Mama grimmig. »Jetzt weiß ich mal wieder, dass Weihnachten ist.«

Aber dann holt sie tief Luft. »Mit den Kartoffeln seid ihr ja fleißig gewesen!«, sagt sie. »Vielen Dank! Die sind ja schon fast alle geschnitten. Janna, dann kannst du den Rest auch alleine schaffen, oder? Jesper muss mir nämlich jetzt noch was anderes helfen«, und jetzt klingt sie schon wieder ganz freundlich.

»Ja?«, sagt Jesper vorsichtig. »Was denn?«

»Einkaufen gehen«, sagt Mama. »Ich brauche noch dringend …«

Von den Kindern ist Jesper der Einzige, der schon alleine einkaufen darf. Man muss über zwei große Straßen und dazu ist Janna noch zu klein, aber Jesper geht ja schon in die erste Klasse, da kann man ihm das wohl zutrauen.

Jesper steht schnell auf. »Ätschi-bätschi!«, sagt er zu Janna. »Ich geh jetzt einkaufen! Alleine! Mach du man die Kartoffeln!« Und er steigt schnell in seine Stiefel.

»Also, ich brauche noch dringend«, sagt Mama, und sie sieht aus, als ob sie nachdenkt, »Mehl brauch ich noch dringend, ja, Mehl. Kannst du mir das besorgen, Jesper?«

»Kann ich dir logisch besorgen«, sagt Jesper, und weil Heiligabend ist, bindet er sich sogar einen Schal um, ohne zu schimpfen, und Mama gibt ihm das Geld, und dann zieht er los.

Auf den Straßen sind heute nur ganz wenige Kinder. Nur vor Nickis Haus spielt ein winziges Mädchen, aber Nicki sitzt bestimmt wieder im Wohnzimmer und guckt fern. In der Schule hat Nicki gesagt, dass er das darf. Sogar am Heiligabend.

Aber im Supermarkt, da ist es voll. Tausend Frauen mit bösen Gesichtern drängeln sich in den schmalen Gängen und in ihren Einkaufswagen sitzen kleine Kinder und schreien. Aus dem Lautsprecher kommt leise Weihnachtsmusik ohne Worte und dazwischen sagt eine freundliche Stimme: »Beachten Sie bitte auch unsere heutigen Sonderangebote! Wir wünschen Ihnen ein frohes Fest!«

Jesper seufzt. Es ist gar nicht so einfach, den großen Einkaufswagen an all den vielen Frauen vorbeizuschieben. Einmal stößt er einer gegen den Po und da schreit sie: »Kannst du denn nicht aufpassen!«, und weil Jesper sich entschuldigen will, schiebt er nicht gleich weiter, und da schreit eine andere Frau: »Kannst du denn nicht weitergehen! Du blockierst ja den ganzen Laden!«

Da nimmt Jesper seinen Wagen und geht ganz schnell zum Mehl, und »Entschuldigung« hat er nun auch nicht gesagt.

»Sti-hille Nacht«, spielen die Lautsprecher ohne Worte, und ganz leise und vorsichtig summt Jesper mit.

»Heilige Nacht …«

Die sind hier ja alle gar nicht weihnachtlich, denkt Jesper böse. So
ein Geschubse. Und das soll nun Heiligabend sein!

Die Schlange an der Kasse geht fast durch den ganzen Laden. Alle
Frauen haben volle Einkaufswagen, aber keine sagt, dass sie Jesper
mit seiner kleinen Mehltüte vorlässt.

Da stellt Jesper sich ganz hinten an und das macht ihm auch gar
nicht viel aus. Der Weihnachtstag ist sowieso so lang, da ist es ganz
gut, wenn er mit dem Einkaufen nicht so schnell fertig ist.

Aber die Frauen vor ihm haben es alle ganz eilig. Sie gucken auf
ihre Uhren und schimpfen mit ihren Kindern und drei Wagen vor
Jesper gibt eine Mutter einem brüllenden kleinen Jungen sogar einen
Klaps.

»Bist du wohl still!«, schreit die Mutter. »Bist du wohl jetzt endlich still!«

Gar nicht weihnachtlich, denkt Jesper, absolut kein bisschen weihnachtlich. Aus den Lautsprechern kommt jetzt »Süßer die Glocken nie klingen« und das singen sie auch in der Schule. Da kennt Jesper den ganzen Text. »Als in der Wei-heinachtszeit«, schließlich kann er sich auch Sachen merken. Nur lange Gedichte nicht so fürchterlich gut, das ist ja auch gar nicht wichtig.

Ganz leise fängt Jesper an mitzusingen. »… 's ist, als ob Engelein singen, wieder von Frieden und Freud«, und er merkt, wie er innen drin wieder ganz vergnügt wird. Genau, wie man sich am Heiligabend fühlen soll. Und da hört er es hinter sich. Hinter ihm in der Schlange steht ein Mädchen mit seiner Mutter, das kennt Jesper aus Jannas Kindergartengruppe, und jetzt singt das Mädchen auch mit.

»Wie sie gesungen in seliger Nacht!«, singt das Mädchen. Ganz laut.

»Wie sie gesungen in seliger Nacht!« Jesper zieht den Kopf zwischen die Schultern. Hoffentlich gucken jetzt nicht alle her! Einfach für sich selber wollte er singen, ganz leise, damit ihm wieder weihnachtlich wird, und jetzt hören es alle Leute. Das ist Jesper ganz furchtbar peinlich.

Und da fängt die Mutter von dem Mädchen auch noch an! »Glocken mit heiligem Kla-hang!«, singt sie und sie lacht dabei, und von vorne drehen sich die Leute jetzt wirklich um und manche fangen einfach auch mit an zu singen: »Glocken mit heiligem Kla-hang, klingt doch die Erde entlang!«

Jesper holt einmal tief Luft. Ganz viele haben da jetzt mitgesungen, mitten im Supermarkt. In der Schlange im Supermarkt haben sie gesungen, alle die Frauen mit den bösen Gesichtern, und die kleinen Kinder in den Einkaufswagen haben vor Schreck aufgehört zu schreien.

Jesper dreht sich um und lächelt das Mädchen aus Jannas Gruppe an und das Mädchen lächelt zurück.

»Bitte beachten Sie auch unsere heutigen Sonderangebote!«, ruft der Lautsprecher wieder. »Wir wünschen Ihnen ein frohes Fest.«

Jesper seufzt. So muss es am Heiligabend doch sein, denkt er zufrieden. Genau so muss es am Heiligabend sein. Dann ist ja alles in Ordnung.

Als das nächste Lied kommt, singt keiner mehr mit, aber man kann hören, dass ganz viele summen. Das tut Jesper jetzt auch. Die Worte kennt er sowieso nicht, es ist ein englisches Lied.

»Frohe Weihnachten«, sagt Jesper höflich zu der Frau an der Kasse, als er sein Mehl bezahlt, und die Frau lächelt und sagt auch »Frohe Weihnachten«.

Dann rennt Jesper ganz schnell nach Hause.

Da ist jetzt auch Papa von der Arbeit zurück, und er deckt den Tisch und kocht die Würstchen für den Kartoffelsalat, weil er das jedes Jahr Weihnachten tut. Papa sagt, Würstchen kochen kann in dieser Familie keiner so gut wie er, und wirklich schmecken sie auch immer sehr gut.

Dann essen sie alle zusammen und ziehen sich weihnachtlich an und Papa liest noch eine Geschichte vor bis zur Bescherung. Nur Jule hört nicht zu und versucht wieder, Anna-Pouchette mit dem Küchenschwamm zu waschen, aber leider erwischt Mama sie dieses Mal sofort und da muss Jule ganz fürchterlich brüllen.

Und dann wird es endlich ein ganz kleines bisschen dämmerig.

»Na, dann wollen wir mal«, sagt Papa und verschwindet im Weihnachtszimmer.

Jesper stöhnt. Die schöne Weihnachtsliederplatte fängt an zu spielen wie jedes Jahr, und durch die Riffelglasscheibe in der Tür kann man sehen, wie die Kerzen anfangen zu brennen, eine nach der anderen und ganz verschwommen.

Jespers Herz fängt an zu klopfen und die Knie zittern ihm wie bisher erst zwei Mal in seinem Leben. Dann geht die Tür ganz langsam auf.

»Denkt euch, ich habe das Christkind gesehen«, sagt Janna laut mit ganz wunderbarer Betonung und Jule schreit: »Bammbaum!«

Vor dem Fenster, gleich neben dem Fernseher, steht ganz riesengroß der Tannenbaum und von jeder der drei Spitzen baumelt in Glitzerpapier ein Schokoladenstern.

Da weiß Jasper, dass es jetzt Weihnachten ist.

# Die Omalüge

Zu Weihnachten muss man ein guter Mensch sein, das weiß ich auch. Weil Gott da seinen eingeborenen Sohn auf die Welt geschickt hat, da müssen wir uns freuen. Auch wenn ich keine Ahnung habe, was »eingeboren« bedeuten soll; dieser Jesus war schließlich weiß und die Eingeborenen sind sonst ja eigentlich immer die Schwarzen oder die Südsee-Menschen mit den Blumenketten um den Hals.

André und ich haben mal darüber gesprochen, und wir haben gleich den Verdacht gehabt, dass Jesus vielleicht ein Neger ist, das wollen die Erwachsenen nur nicht zugeben. Und Neger soll man sowieso nicht sagen.

Ich hab gedacht, dass ich ja Omi fragen kann, wenn sie Weihnachten zu uns kommt. Omi sagt meistens die Wahrheit.

Jedenfalls war es nett von Gott, dass er seinen Sohn geschickt hat und hat ihn in diese niedliche kleine Krippe gelegt, egal, ob der nun schwarz war oder mit Blumenkette, da sagen die Erwachsenen ja sowieso nicht die Wahrheit. Weil eine Krippe natürlich viel besser ist als ein langweiliges Krankenhausbett, wo die Kinder meistens geboren werden, oder, sagen wir mal, ein Gitterbett in einer Hochhauswohnung. Für ein Krippenspiel wäre das ganz schlecht, es würde überhaupt nicht echt aussehen und für die gebastelten Fensterbilder wäre es auch nicht so gut. Es ist schon ein Glück, dass Gott seinen Sohn in eine schöne Krippe gelegt hat, und darum sind wir jetzt auch alle dankbar und versuchen, gute Menschen zu sein.

Es gibt natürlich noch einen Grund, warum wir das versuchen sollen, aber über den redet man nicht so viel. Das sind die Geschenke. Wenn man also zum Beispiel vor Weihnachten zu viel Blödsinn macht, dann gibt es vielleicht nicht so viel, und mit dem Weihnachtsmann hat das gar nichts zu tun. Nur mit den Eltern, die finden, dass sie sich vor Weihnachten nun so viel Mühe gegeben haben mit den Kerzen und den Keksen und dreimal ins Weihnachtsmärchen gehen, und darum sind sie dann auch ziemlich schnell enttäuscht. Vor Weihnachten muss man sich benehmen.

Ich hab mir also auch wirklich große Mühe gegeben und bis zum vierten Advent hab ich es auch geschafft. Ich bin ein guter Mensch gewesen und hab meine Hausaufgaben gemacht und am Vormittag vom zweiten Advent sogar mein Zimmer aufgeräumt und zweimal war ich für Mama einkaufen.

Und ich hab Weihnachtsgeschenke für die Tanten und Onkels gebastelt, obwohl es »Star Trek« im Fernsehen gab, und ich hab gedacht, dass es sich dann hoffentlich auch lohnt. Aber leider ist es dann doch wieder schiefgegangen.

Ich weiß nicht, wie es gekommen ist, vielleicht war auch Mama daran schuld, weil sie am Sonntag nach dem Kaffeetrinken gesagt hat, nun soll ich aber noch was Schönes für Omi basteln, und sie hat mir zwei Lederstücke gegeben, da waren ringsum Löcher reingepikst. Die sollte ich zusammennähen und dann konnte Omi da irgendwas reintun.

Zuerst hab ich noch versucht, Mama zu erklären, dass Omi gar nichts zum Reintun braucht und dass sie eine Handtasche hat und eine Geldbörse, aber Mama hat gesagt, so ein Unfug, Omi freut sich ganz bestimmt. Da hab ich also genäht und genäht und im Fernsehen war »Star Trek« zu Ende und ich hab überhaupt nichts davon mitge-

kriegt. Da bin ich ein bisschen böse gewesen auf Mama und auf Omi auch, und vielleicht ist sie mir deshalb am Montag in der Schule eingefallen. Weil sie in meinem Kopf eingespeichert war wie im PC auf der Festplatte, und wenn man die richtige Stelle angeklickt hat, ist sie wieder zum Vorschein gekommen.

Am Montagmorgen in der Pause haben wir Fußball gespielt und ich war im Mittelfeld. Ich hab mich sehr bemüht, auch mal was Gutes zu machen, weil sie mich beim Fußball immer als Letzten aussuchen.

Darum hab ich auch so viel Wucht hinter meinen Schuss gelegt, wie es nur ging, und da ist es dann eben passiert. Eigentore mag ja keiner gerne. Aber am schlimmsten war, dass sie mich danach alle angebrüllt haben, dass ich eine Lusche bin und der Untergang jeder Mannschaft, und die ganze Zeit hat vom Rand her Thekla zugeguckt, auf die wollte ich eigentlich beim Nachhausegehen warten. Und Thekla hat gelacht. Da hab ich weinen müssen.

Die anderen hat das zum Glück nicht gekümmert, die haben weitergespielt, aber als wir wieder in die Klasse gekommen sind, hat mich Frau Mebold an der Schulter festgehalten.

»Christopher!«, hat sie gesagt.

Ich hab versucht, das Heulen abzustellen, aber jeder weiß, dass das nicht so einfach geht, wenn man erst mal richtig angefangen hat.

»Was ist denn los mit dir, Christopher?«

Da hat André gesagt, dass ich ein Eigentor geschossen habe, und Michael hat irgendwas geflüstert. Und Thekla hat mich die ganze Zeit angeguckt. Da hab ich gewusst, dass es so nicht geht, und ich habe die Nase aufgezogen und mir den Rotz weggewischt, und ich hab gesagt, dass es gar nicht wegen dem Fußball ist, sondern weil meine Oma in der letzten Nacht gestorben ist. Das ist mir zum Glück noch rechtzeitig eingefallen.

Dann weint ja wohl jeder.

Da hat mir Frau Mebold den Arm um die Schulter gelegt und Thekla hat mir ihr Taschentuch gegeben und die anderen waren plötzlich alle ganz still. Sogar André hat gesagt, dass man an so einem Tag natürlich nicht gut spielen kann, und Michael hat sich entschuldigt. Aber am besten war, dass hinterher Thekla mit mir nach Hause gegangen ist, und sie ist manchmal so mit ihrer Schulter gegen mich gestoßen und sie hat auch ganz lieb geguckt. Nur, dass wir dann vor unserer Haustür Frau Kaak-Wegener getroffen haben, die gerade den Mülleimer rausgebracht hat, war nicht so gut.

»Oh, hallo!«, hat Frau Kaak-Wegener gesagt und so verschwörerisch geguckt. Da hab ich schon verstanden, dass Thekla nicht wollte, dass sie denkt, wir sind ein Liebespaar, und dass sie ihr erzählt hat, meine Oma ist tot.

»Nein, das ist ja furchtbar!«, hat Frau Kaak-Wegener gesagt und gleich ihren Mülleimer auf den Boden gestellt. »Doch nicht die Oma, die euch immer besuchen kommt? Doch nicht die Oma, die Weihnachten auch kommen wollte?«

Ich hab genickt und auf den Boden geguckt. An meinem Gesicht hätte sie sonst vielleicht was gemerkt.

»Dann richte deiner Mutter mein herzliches Beileid aus!«, hat Frau Kaak-Wegener gesagt. »Und wenn ich ihr irgendwie helfen kann, hörst du! Dann soll sie sich unbedingt melden. Oder vielleicht klingle ich nachher lieber noch selber bei ihr.«

Aber ich hab gesagt, dass das wirklich gar nicht nötig ist und dass ich Mama alles ausrichte. Ganz sicher hab ich mich aber trotzdem nicht gefühlt.

Und dann hat eine furchtbare Zeit angefangen. Das Zweitfurchtbarste war, dass ich wusste, ich hatte es nicht besser verdient, und das Furchtbarste, dass ich so ungeheuer aufpassen musste.

Zum Beispiel hab ich am Nachmittag mit ganz spitzen Fingern den Beileidsbrief aus unserem Briefkasten fischen müssen, den Frau Kaak-Wegener da natürlich sofort reingeschmissen hatte. Das ist gar nicht so einfach ohne Schlüssel, man muss die Finger ganz lang machen und wie eine Zange, dann klappt es vielleicht.

Und in der Schule hat Frau Mebold natürlich wieder gefragt, ob auch alles in Ordnung ist. Ich hab Angst gehabt, dass sie Mama vielleicht anruft, aber zum Glück war es da schon der letzte Schultag. Kein Mensch kann wissen, was sonst noch alles passiert wäre.

Und dann ist mir eingefallen, dass das richtig Gefährliche ja erst kam, wenn Oma bei uns war und Frau Kaak-Wegener sie entdeckte. Natürlich hätte man ihr erzählen können, dass Oma ein Zombie war oder ein Vampir oder auferstanden von den Toten, aber so viel Erfahrung hatte ich ja schon mit unserer Nachbarin, dass ich wusste, so was würde sie niemals glauben.

Und ich hab zu Gott gebetet, dass er mir doch bitte helfen soll, weil schließlich Weihnachten

ist, und dass Omi
sich vielleicht noch erkältet
oder den Fuß verstaucht und zu Hause bleibt, aber es muss eine ganz leichte Verstauchung sein. Oder dass sie bei uns wenigstens Frau Kaak-Wegener nicht trifft.

Aber das hätte ich mir natürlich gleich denken können, dass Gott bei solchen Sachen kein Komplize sein will, da macht er sich ja seinen ganzen schönen Ruf kaputt. Und darum ist Omi also doch gekommen, und Frau Kaak-Wegener getroffen hat sie auch, sogar am Heiligabend.

Wir waren auf dem Weg in die Kirche und Mama war noch nicht ganz fertig mit ihrem Make-up. Darum sind Omi und ich schon vorausgegangen, Plätze reservieren.

Und da haben wir sie dann getroffen, was ja auch kein Wunder war. Schließlich will Frau Kaak-Wegener am Heiligabend auch in die Kirche.

»Oh, Frau –!«, hat sie zu Omi gesagt und ganz erschrocken ausgesehen. »Nein, das ist aber ein Schreck!« Dann hat sie sich erholt und mich so giftig angeguckt und sie hat gesagt:

»Eine Freude ist das, eine Freude!« Ihr Blick war immer noch voller Gift und Galle, das hat mich aber nicht weiter gestört. Weil sie mich sowieso nicht so gut ausstehen kann, vor allem, wenn ich spiele, dass ich ein Popstar bin.

Nur, dass Omi mich dann natürlich gefragt hat, wieso diese Dame sich so ungewöhnlich aufgeführt hat, das war mir nicht so recht. Aber wir hatten ja den ganzen Weg bis zur Kirche dafür Zeit und zum Glück war ja auch Mama nicht da. Da hab ich es Omi eben erzählt.

Als ich mit dem Erzählen fertig war, waren wir gerade bei der Kirche angekommen, aber wir konnten leider nicht rein, so doll musste Omi lachen. Sie hat sich an die Mauer neben dem Eingang gelehnt und gelacht und gelacht, dass ihr zuletzt die Tränen übers Gesicht geströmt sind. Manche von den Leuten, die in die Kirche wollten, haben einen Augenblick gezögert, ob sie vielleicht was zu Omi sagen sollten. Sie haben ja natürlich geglaubt, Omi weint.

Aber dann hat Omi doch aufhören können.

»Christopher!«, hat sie gesagt und sich mit einem Spitzentuch die Augen getupft. »Du bist wunderbar!«

Und als sie sich neben mir durch den Eingang in die Kirche gedrängelt hat, hat sie gesagt, dass sie sich nun aber ganz herzlich bei mir bedanken muss. Weil Totgesagte länger leben, und wer weiß, wie viele Jahre ich ihrem Leben also hinzugefügt habe. Da hab ich erst begriffen, dass es dieses Sprichwort gibt und dass man länger lebt, wenn die Menschen mal geglaubt haben, man ist tot. Und ich hab begriffen, dass ich nun also doch was Gutes getan hatte und ein guter Mensch geworden war, wie man es zur Weihnachtszeit soll, und als Mama sich zu uns in die Bank gequetscht hat, hab ich mich richtig glücklich gefühlt.

Nur, dass Omi während der ganzen Weihnachtspredigt immer so doll lachen musste, dass alle Leute ganz komisch zu uns hingeguckt haben, sogar der Pastor, war mir ein bisschen unangenehm. Aber ich hab gewusst, dass Gott nun doch meine Gebete erhört und alles in Ordnung gebracht hatte, nur eben anders, und ich hab gedacht, dass er ein komischer Mann ist, und hab ihm ein Dankgebet geschickt.

Auf der anderen Seite vom Gang hat Frau Kaak-Wegener mir immer noch so feindliche Blicke zugeworfen. Aber die kann mich sowieso nicht so gut ausstehen, vor allem, wenn ich spiele, dass ich ein Popstar bin.

## Weihnachten feiern im Möwenweg

Und dann war es wirklich endlich richtig Weihnachten. Man soll sich ja nicht nur wegen der Bescherung auf Weihnachten freuen. Es ist aber nicht nur wegen den Geschenken. Es ist auch, weil es sich so wunderbar feierlich anfühlt, wenn die Lichter am Tannenbaum brennen und die Weihnachts-CD spielt und alle so glücklich aussehen. Es ist viel, viel schöner als alle anderen Abende im Jahr.

Mama und Papa und Oma Friedrichstadt haben im Weihnachtszimmer gesessen (unser Wohnzimmer war ja jetzt das Weihnachtszimmer) und wir Kinder haben vor der Tür gewartet. Dann ist drinnen plötzlich unsere Weihnachtslieder-CD angegangen und Papa hat die Tür aufgemacht.

»Na dann!«, hat er gesagt. »Frohe Weihnachten!«

Im Zimmer war es ganz dunkel und nur die Lichter am Tannenbaum haben gestrahlt und die Kerzen am Adventskranz. Die waren aber schon ganz weit runtergebrannt.

»Los, Maus!«, hab ich geflüstert und Maus einen kleinen Schubs gegeben.

Da hat Maus »Es treibt der Wind im Winterwalde« aufgesagt, und dann hab ich »Stille Nacht« geflötet, und dann haben wir alle gewar-

155

tet, dass Petja auch ein Gedicht aufsagt oder etwas vorflötet. Er hat aber nur »Geil!« geschrien und ist zum Tannenbaum gestürmt, wo die Geschenke lagen.

Ich hab ein Perlenbastelset gekriegt (mit ganz, ganz winzigen Perlen in tausend Farben für Ketten und Armbänder und alles Mögliche) und eine sehr schöne grüne Lavalampe mit so Blasen drin, wie ich sie schon immer haben wollte, und zwei CDs und ein Buch aus meiner Lieblingsserie und ein Buch aus einer Serie, die ich noch nicht kannte, und ein Pferdebuch. Socken hab ich auch gekriegt und einen Gutschein für eine neue Winterjacke zum Selber-Aussuchen, aber so was sind ja keine richtigen Weihnachtsgeschenke, finde ich. Man freut sich mehr, wenn man Lavalampen und Perlensets kriegt.

Petja hat »Yeah!« geschrien, als er das kleine Päckchen ausgewickelt hat, das fast als einziges auf seinem Geschenkstapel lag. Es war ein Handy. Das hat er sich schon lange gewünscht. Danach hat er den ganzen Abend nur die Spiele gespielt, die auf dem Handy drauf waren, und einmal hat er uns auf dem normalen Telefon angerufen, um zu gucken, ob sein Handy schon freigeschaltet ist. Dann hat er Vincent eine SMS geschickt. (Vincent und Laurin haben ja immer ein Handy mit, wenn sie bei ihrem Vater sind.) Danach hat er gesagt, es geht Vincent und Laurin gut und Vincent hat einen DVD-Spieler für sein Zimmer gekriegt und Laurin auch. Da hat es ja gestimmt, dass ihr Vater nicht geizig ist.

Über meinen Kaffeefiltertütenhalter aus der Schullaubsägearbeit hat Oma Friedrichstadt sich sehr gefreut. Sie hatte nämlich noch keinen. Und Mama und Papa fanden die Lichterkette so schön, die ich ihnen gebastelt hatte!

Maus hat mit Papa auf dem Fußboden gehockt und seine Playmo-Burg aufgebaut. Die Kanonen konnten echte Kugeln schießen, wenn man ein Gummiband daran festgemacht hat. Die hat Maus uns immer gegen die Füße geschossen.

Oma Friedrichstadt hat gesagt, dass er das lassen soll. Weihnachten ist ein Fest des Friedens.

»Das sind ja aber keine bösen Kanonen, Oma«, hat Maus gesagt.

Aber dann ist Papa aufgestanden. »Jetzt will ich mich mal um den Karpfen kümmern«, hat er gesagt. Er ist in der Küche verschwunden, und Mama hat grade zu Maus gesagt, dass er Oma nun aber wirklich nicht mehr immer gegen die Füße schießen soll, da hat jemand von draußen gegen unsere Terrassentür geklopft.

»Nanu?«, hat Mama gesagt. »Wer kommt denn so spät am Heiligen Abend noch durch unseren Garten?«

Ich bin zum Lichtschalter für das Außenlicht geflitzt. Ich hab gedacht, vielleicht ist es Tieneke und sie will mir ihre Geschenke zeigen und meine Geschenke angucken. Obwohl man das ja eigentlich erst am ersten Weihnachtstag tut.

157

Und wer stand da auf unserer Terrasse im Schnee und hat immer so ganz langsam mit seiner großen Hand gewinkt? Der Weihnachtsmann in seinem roten Mantel und mit einem ganz langen weißen Bart!

»Der Weihnachtsmann!«, hat Maus geschrien und ist zur Terrassentür gerannt. »Hallo, Herr Weihnachtsmann! Hallo, Herr Weihnachtsmann!«

Dann hat er versucht, die Terrassentür aufzumachen. Sie war aber abgeschlossen. »Herr Weihnachtsmann!«, hat Maus geschrien und gegen das Fensterglas geklopft. »Willst du Sekt bei uns trinken? Du kannst einen Sekt kriegen, Herr Weihnachtsmann!«

Mama und Papa und Oma Friedrichstadt hatten vorher nämlich ein Glas Sekt getrunken. Aber der Weihnachtsmann hat draußen vor der Tür immer nur so mit seiner Hand gewinkt und mit dem Kopf genickt.

»Los, komm, jetzt wollen wir doch mal sehen …«, hat Petja gesagt. Er hatte den Schlüssel geholt, und damit hat er die Terrassentür aufgeschlossen.

Aber da hatte der Weihnachtsmann sich schon umgedreht und angefangen, ganz eilig durch Voisins verschneiten Garten in Richtung Tieneke zu stapfen. Bei der musste er ja auch noch winken.

»Herr Weihnachtsmann!«, hat Maus geschrien. Er ist ihm sogar ein Stück nachgerannt, in seinen Bärenhausschuhen, mitten durch den Schnee! Aber durch Voisins Garten durfte er ja nicht. »Du kannst auch Kaffee kriegen! Willst du Kaffee trinken, Herr Weihnachtsmann?«

Aber da hat der Weihnachtsmann richtig ein bisschen angefangen zu rennen. Man hätte denken können, dass er vor Maus wegläuft.

158

»Komm rein, Maus«, hat Mama gesagt. »Du erkältest dich noch. Der Weihnachtsmann hat doch heute Abend noch viel zu erledigen!«

Dann hat sie Maus trockene Socken angezogen.

Hinterher hat Papa den Kopf durch die Küchentür gesteckt und gefragt, ob ihm denn gar keiner beim Karpfen helfen will.

»Der Weihnachtsmann war hier!«, hat Maus geschrien. »Der Weihnachtsmann war da, Papa! Er wollte aber keinen Sekt!«

»Na, das ist ja ein Glück«, hat Papa gesagt. »Dann kann ich den ja noch kriegen.«

Dann hat er sich den Rest eingeschenkt.

Warum man am Heiligen Abend immer Karpfen essen muss, weiß ich nicht. Weil Petja und Maus und ich den sowieso nicht mögen. Es muss aber Karpfen geben, sonst ist der Heiligabend falsch.

Nach dem Essen haben wir noch alle zusammen das lustige neue Spiel gespielt, das Oma Friedrichstadt mir geschenkt hatte, und Mama und Maus waren ein Team und haben gewonnen. Oma Friedrichstadt und ich waren auch ein Team und sind Zweiter geworden, und Papa und Petja Letzter. Petja hat sich aber überhaupt nicht geärgert. Er hat sowieso die ganze Zeit nur mit seinem Handy rumgespielt.

Danach durften wir so lange aufbleiben, wie wir wollten (das darf man am Heiligabend), und Maus ist auf dem Fußboden neben seiner Ritterburg eingeschlafen.

»Weihnachtsmann!«, hat er gemurmelt, als Papa ihn ganz vorsichtig nach oben in sein Bett getragen hat.

Da hab ich gemerkt, dass ich auch ganz müde war. Darum bin ich auch schlafen gegangen. Freiwillig.

Mama hat mich zugedeckt und mir einen Gutenachtkuss gegeben.

»War es denn schön, Taramädchen?«, hat sie geflüstert.

Ich hab genickt und ihr auch einen ganz dicken Kuss gegeben.

Bevor ich eingeschlafen bin, hab ich gedacht, dass ich Tieneke morgen all meine Geschenke zeigen will und Tieneke zeigt mir ihre, und dann gehen wir zu Fritzi und Jul, und am Nachmittag spielen wir mit Mama und Papa und Oma Friedrichstadt bestimmt wieder das lustige neue Spiel. Und wenn Weihnachten vorbei ist, kommt auch gleich Silvester, da hat Michael schon gesagt, dass wir das im Möwenweg doch gut alle zusammen feiern können. Da hab ich gewusst, dass ich nicht traurig sein muss, dass der Heiligabend schon vorbei ist.

Bei uns im Möwenweg kommt ja auch hinterher immer noch so viel Schönes. Im Winter, im Frühling, im Sommer und im Herbst.

Da bin ich ganz zufrieden eingeschlafen.

# Jesper und der Weihnachtshund

Natürlich hat Jesper zu Weihnachten keinen Schäferhund gekriegt, das hat er ja eigentlich schon vorher gewusst. Aber die Güterlok hat er gekriegt und den Kühlwagen und eine tolle Handweiche; und in dem Paket von Oma und Opa ist sogar noch die riesengroße Schatzinsel aus der Werbung, die Jesper sich vorsichtshalber gar nicht erst gewünscht hat, weil sie so teuer ist. Da ist es doch ein schöner Heiligabend geworden, aber als Jesper ins Bett geht und sich in der Wohnzimmertür noch einmal umdreht, merkt er plötzlich dieses traurige Gefühl, das er vom letzten Jahr Weihnachten schon kennt.

»Schon wieder alles vorbei!«, sagt Jesper und guckt auf die Spielsachen auf dem Wohnzimmerfußboden. Da hat man sich nun wochenlang auf Weihnachten gefreut und gefreut und nicht mal heimlich nach den Geschenken gesucht und dann geht es so schrecklich schnell vorbei. Das ist doch mal wieder typisch ungerecht.

»Na, komm schon, mein Sohn, du durftest heute wirklich lange aufbleiben«, sagt Mama und legt Jesper ihre Hand auf die Schulter.

Aber Jesper meint ja gar nicht, dass er zu früh ins Bett muss. Er meint, dass Weihnachten nur ein Mal im Jahr ist, ein einziges kleines Mal, und dann geht es so schrecklich schnell vorbei. Und nun muss er wieder ein ganzes langes Jahr warten, bis so was Schönes kommt, das müsste Mama doch verstehen.

Jesper seufzt.

Auf dem Fußboden liegen noch alle Geschenke durcheinander, genau da, wo sie mit ihnen gespielt haben, Jesper und Janna und Jule. Und dazwischen liegt auch noch das Geschenkpapier, das von Janna ganz schön zusammengefaltet und das von Jesper leider ein bisschen zerrissen. Aber aufräumen muss man Heiligabend nicht, damit man nämlich am nächsten Morgen gleich weiterspielen kann. Und die Weihnachtsrummeligkeit ist die schönste Rummeligkeit, die Jesper sich vorstellen kann, ganz anders als normale Unordnung im Kinderzimmer. Weil sie so *weihnachtlich* aussieht.

»Haben wir nicht ein schönes Zimmer, Mama?«, sagt Jesper und reibt seinen Kopf ein bisschen an Mamas Arm. »Richtig schön feierlich?«

Aus dem Badezimmer hört man, wie Janna sich schon die Zähne putzt.

»Na, direkt feierlich würde ich das nicht nennen«, sagt Mama und gibt Jesper einen kleinen Klaps auf den Po, damit er endlich geht. »Vor allem, wo morgen Tante Ines kommt.« Und dabei klingt sie fast ein bisschen, als ob *sie* jetzt seufzen möchte.

Aber Jesper muss plötzlich nicht mehr seufzen. Nie muss Jesper seufzen, wenn Tante Ines zu Besuch kommt, und er putzt sich jetzt sogar ganz schnell die Zähne. Wenn morgen Tante Ines kommt, ist das Schöne ja doch noch nicht vorbei, das hatte er ganz vergessen. Weil Tante Ines immer Mimi mitbringt, das ist ihr Hund. Da wird es morgen doch noch mal richtig schön feierlich.

»Yippieeh!«, schreit Jesper und hüpft ins Bett, dass Jule fast wieder aufwacht.

»Wie schön, dass du dich so auf deine Tante freust«, sagt Mama und schaltet das Licht aus. »Schlaf gut, mein Schatz, und träum schön von Weihnachten.«

Jesper wühlt seinen Kopf ins Kissen. Das wird er tun. Von Weihnachten und von der Güterlok und von der Schatzinsel. Und von Tante Ines und Mimi.

Als Jesper am nächsten Morgen aufwacht, riecht es schon nach Weihnachtsbraten und das Wohnzimmer sieht so aufgeräumt aus wie an einem ganz normalen Tag. Die ganze schöne Weihnachtsrummeligkeit ist weg.

»Warum hast du denn aufgeräumt?«, schreit Jesper und stürzt in die Küche. Da steht Mama am Küchentisch und zerhackt Zwiebeln auf einem kleinen Holzbrett.

»Weihnachten muss es rummelig sein!«

»Weil Tante Ines und Onkel Helmut kommen, mein Schatz«, sagt Mama. Ihre Augen sind rot und geschwollen, daran sieht man, dass sie schon lange Zwiebeln hackt. »Ihr könnt doch im Kinderzimmer weiterspielen.«

Aber das ist natürlich nicht das Gleiche. Weihnachten darf man immer im Schlafanzug auf dem Wohnzimmerfußboden spielen und zwischendurch kommt niemand und sagt: »Nun räum das mal ganz schnell weg«, oder: »Nun zieh dich aber fix an!« Weihnachten darf Jesper im Schlafanzug spielen und Janna und Jule dürfen das auch, und Jesper lässt sie auch immer mal kurz an seine neuen Sachen, ohne zu brüllen. Und Papa guckt zu und gibt Mama einen Kuss und sagt: »Sieh da, das Fest des Friedens.«

Aber heute ist das alles anders. Heute ist das Wohnzimmer sogar

163

schon staubgesaugt und die Geschenke liegen unfreundlich und ordentlich auf Stapeln unter dem Tannenbaum.

»Du weißt doch, Tante Ines hat es gerne aufgeräumt«, sagt Mama und nimmt Jule ein Stück Zwiebel aus der Hand. Damit hat sie gerade versucht, Pouchette zu füttern. »Wenn Leute keine Kinder haben, kriegen sie immer schnell einen Schreck.«

Und Kinder hat Tante Ines nicht. Einen Mann, den hat sie, Onkel Helmut, der nie was sagt, und sie ist Papas ältere Schwester, aber wirklich *sehr* viel älter. Und sie findet es nicht richtig, wenn die Kinder immer so laut sind, und sie findet, Mama muss aber mal eingreifen, wenn sie sich streiten, und wenn Jesper sich beim Kaffeetrinken ganz schnell schon den dritten Keks nimmt, weil Mama die guten immer nur kauft, wenn Besuch kommt, findet Tante Ines das eigentlich ein bisschen ungezogen. Dann kriegt Papa immer ein ganz erschrockenes Gesicht wie ein kleiner Junge, und darum nimmt Jesper sich jedes Mal vor, dass er diesmal aber sehr nett sein will, wenn Tante Ines kommt. Schließlich will er Papa nicht traurig machen. Und außerdem lässt Tante Ines ihn sonst vielleicht nicht mit Mimi spielen.

»Mimi!«, schreit Jesper, als es an der Wohnungstür klingelt. Zuerst gibt er Tante Ines und Onkel Helmut ganz höflich die Hand und er guckt sie auch an dabei; aber dann lässt er sich auf die Knie fallen und sagt Guten Tag zu Mimi.

»Mimi, wie schön, dass du mich mal besuchst!«, sagt Jesper und krault Mimi am Hals und hinter dem Ohr und Mimi wackelt wie verrückt mit ihrem kurzen weißen Schwanz und leckt ihm über die Hand.

»Nicht zu wild, Jesper, nicht zu wild!«, sagt Tante Ines und guckt unruhig zu ihm nach unten. »Das ist ein empfindlicher Hund! Mimi ist reinrassig und schon sehr alt!«

164

Aber das weiß Jesper ja längst, weil Tante Ines das jedes Mal sagt, und er hat sich auch vorgenommen, ganz bestimmt vorsichtig und lieb mit Mimi zu sein.

Dann muss Jesper mit ins Wohnzimmer kommen und sein Geschenk von Tante Ines kriegen, das ist eine Blockflöte. Jannas Geschenk ist auch eine Blockflöte und Jules ist ein Schlafanzug, und da weiß man doch wirklich nicht, was langweiliger ist. Aber Jesper bedankt sich trotzdem ganz lieb, und Janna sieht sogar aus, als ob sie sich wirklich freut. Da denkt Jesper, dass er ihr seine Flöte dann ja später auch noch schenken kann, wenn sie ihre kaputt geblasen hat. Obwohl Janna natürlich eigentlich nie was kaputt macht.

»Mein Gott, was habt ihr denn für einen Baum?«, sagt Tante Ines plötzlich ganz erschrocken, als sie sich neben Onkel Helmut aufs Sofa setzt. »Der ist ja wirklich sehr … Wo habt ihr den denn her?«

Jesper guckt den Tannenbaum an. Er sieht noch genauso schön aus wie in der Tannenbaumplantage. Aber die drei Schokoladenherzen von den Spitzen sind leider schon weggegessen.

»Den wollten die Kinder«, sagt Papa und lächelt. »Ganz unbedingt. Und was darf ich anbieten? Vielleicht einen Sherry?«

Dann müssen sie Mittag essen, und Tante Ines sagt, dass die Ente aber sehr lecker schmeckt, *vielleicht* ein winziges bisschen trocken, und neben Jespers Stuhl liegt Mimi und dreht den Kopf immer so zu ihm hoch. Aber Tante Ines sagt, dass er Mimi auf gar keinen Fall etwas von seinem Essen geben darf, das wäre wirklich schädlich. Mimi darf nämlich nur ganz genau das richtige Hundefutter und jede Mahlzeit abgewogen.

Darum hat Jesper auch ganz schnell keinen Hunger mehr, und Mama sagt, weil Weihnachten ist, darf er ausnahmsweise aufstehen und mit

165

Mimi spielen, bevor er seinen Teller leer gegessen hat. Und Jesper fragt auch gar nicht, was daran ausnahmsweise ist. Er schnalzt mit der Zunge und geht mit Mimi auf den Flur und da haben sie es ganz wunderbar weihnachtlich.

»Na, Mimi?«, sagt Jesper und legt sich zu ihr auf den Flurläufer. »Du bist der netteste Hund der Welt.«

Und bestimmt findet Mimi, dass Jesper der netteste Junge ist, das merkt man daran, wie sie ihm immer über das Gesicht leckt und über den Hals und kleine freundliche Töne macht. Die bedeuten, dass Jesper wieder mit ihr toben soll.

Als Mama und Tante Ines die Teller in die Küche tragen, müssen sie auf dem Flur fast über Jesper und Mimi steigen, weil die beiden da noch immer liegen. Aber Mimi liegt jetzt auf dem Rücken und hat die Beine so ganz putzig hochgenommen, und Jesper kitzelt sie durch, dass man richtig sehen kann, wie sie lacht.

»Um Himmels willen, Jesper, reg mir das Tier nicht so auf!«, ruft Tante Ines. Bestimmt hätte sie fast ihren Tellerstapel fallen lassen vor Schreck. »Der Hund ist schon alt und sehr empfindlich! Der Tierarzt sagt, Mimi ist herzkrank.«

»Ehrlich wahr?!«, fragt Jesper verblüfft. »Richtig herzkrank?« Er hat gar nicht gewusst, dass Hunde das auch sein können. Opa Alfred war herzkrank und darum ist der dann auch gestorben. Aber Opa Alfred war natürlich schon alt. Jesper möchte auf gar keinen Fall, dass so was Schreckliches Mimi auch passiert. »Und stirbt sie vom Kitzeln?«

»Gott, Junge, wie du immer redest!«, sagt Tante Ines. »So schnell geht das hoffentlich nicht.«

Mimi liegt noch immer auf dem Rücken und langt mit den Vorder-

pfoten nach Jesper. Das soll bedeuten, er soll sie weiterkitzeln. Aber jetzt weiß Jesper ja, dass das nicht geht.

»Nein, Mimi, ich kitzel dich auf gar keinen Fall«, sagt er und steht auf. »Da führ ich dich lieber spazieren.«

Spazierenführen ist sowieso das Beste. Man fühlt die Leine so schön

ziehig in der Hand, und wenn man einen Mann trifft, der gefährlich aussieht, wie ein Entführer zum Beispiel oder vielleicht wie eine andere Art von Verbrecher, dann kann man einfach ganz fröhlich vorbeigehen und pfeifen. Weil das ja schon klar ist, dass kein Entführer auf der ganzen Welt sich an ein Kind rantraut, das einen Hund spazieren führt. Da würde der Entführer ja gleich gebissen.

»Komm, Mimi, jetzt gehn wir spazieren«, sagt Jesper und geht zur Garderobe.

Aber Tante Ines ist schneller. »Nein, Jesper, weißt du, ich glaube nicht …«, sagt sie und sieht ganz unglücklich aus. »Die Mimi ist so ein empfindlicher Hund …«

Aber in diesem Moment kommt zum Glück Mama aus der Küche. »Ach, nun lass das Kind doch gehen, Ines!«, sagt Mama energisch. »Dann haben wir unsere Ruhe, der Hund hat Bewegung, und man kann das Jesper bestimmt schon zutrauen.«

Jesper guckt zu Mama hoch. Manchmal ist sie wirklich sehr lieb.

»Das kann man mir schon zutrauen, klar!«, sagt er schnell. »Ich bin ja schon in der Schule!«

Tante Ines guckt Mama an.

»Du kannst ihm ja erklären, worauf er achten muss«, sagt Mama und das tut Tante Ines dann auch. Jesper muss darauf achten, dass Mimi nicht von Fremden gefüttert wird und dass sie ihr Geschäft nicht mitten auf dem Gehweg erledigt, und wenn Jesper an eine Straße kommt, muss er stehn bleiben und »Sitz!« sagen.

Und er darf Mimi auf gar keinen Fall von der Leine lassen, weil sie dann überfahren werden kann, und wenn es anfängt zu regnen, muss er unbedingt sofort nach Hause kommen. »Die Mimi erkältet sich sonst!«, sagt Tante Ines. »Das ist nicht gut für ihr Herz! Lass sie auf keinen Fall nass werden!«

»Auf keinen Fall, schwör ich dir, du, Tante Ines!«, sagt Jesper und hebt drei Schwurfinger in die Luft. »Ich pass gut auf sie auf, das schwör ich dir heilig.«

Tante Ines nickt und guckt ihm ein bisschen ängstlich nach, wie er mit Mimi die Treppe nach unten rennt. Für ihr altes krankes Herz kann Mimi noch richtig schnell flitzen.

Auf der Straße ist es ganz weihnachtlich ruhig. Ein paar schön angezogene Leute gehen eingehakt spazieren und aus einem Fenster im Erdgeschoss hört Jesper Geschirr klappern. Da sitzen sie jetzt alle und müssen ihren Weihnachtsbraten essen, aber Jesper darf ganz alleine seinen Hund spazieren führen.

*Seinen* Hund, das denkt er jetzt nämlich. Und er kann ja wirklich mal so tun, als ob Mimi sein eigener Hund ist. Weil es so ein gutes Gefühl ist, wenn er sich vorstellt, dass Mimi *sein* Hund ist und er hat sie vielleicht zu Weihnachten gekriegt. Darum geht er mit Mimi von Baum zu Baum, wie das ein echter Hundebesitzer auch machen würde. Damit sie ihr Geschäft erledigen kann. Aber Mimi will immer nur schnüffeln.

»Na, Jesper?«, sagt da plötzlich eine Stimme hinter ihm.

Aus seiner Haustür kommt Nicki in einer ganz neuen Jacke, das sieht Jesper sofort. »Gehst du nur so rum?«

Jesper zieht die Nase hoch. »Darfst du heute nicht fernsehen?«, fragt er.

Nicki zuckt die Achseln. »Ist ja grade nichts Geiles«, sagt er gelangweilt. »Wie findest du meine Jacke, echt American Football, wie findest du die?«

»Geil«, sagt Jesper und guckt ein bisschen neidisch.

Natürlich hat Nicki wieder so eine Jacke gekriegt. Ihm würde Mama nie so eine kaufen. Die kauft nur immer die dicken warmen mit Kapuze, richtig für Babys.

»Und was hast du sonst noch gekriegt?«

»Telespiel«, sagt Nicki und hält Jesper ein Kaugummi hin. »Und geile Stiefel und eine total geile Jeans. Alles voll gut.«

»Ja, alles voll gut, Nicki?«, sagt Jesper. Er denkt, dass er eigentlich eine Güterlok besser findet und eine Schatzinsel, aber das darf er natürlich nicht erzählen. Weil Nicki dann nur wieder sagt, das ist doch alles nur Babykram.

»Ich hab ja den Hund«, sagt Jesper darum schnell. Er holt einmal tief Luft.

»Den hast du gekriegt?«, fragt Nicki ungläubig und geht in die Knie. »Den kleinen Zwerg da? Wie heißt denn der Zwerg?«

»Mimi«, sagt Jesper und hockt sich dazu. Nicht, dass Nicki seinen Hund vielleicht noch ärgert. »Und der muss so klein sein. Der ist reinrassig und alt.«

»Ehrlich wahr?«, fragt Nicki und zieht Mimi ein bisschen am Ohr. »Aber beißen tut der nicht.«

»Nee, beißen tut der nicht«, sagt Jesper. Er weiß nicht genau, ob das nun gut oder schlecht ist. »Nur, wenn ich es sage.«

Nicki lässt seine Kaugummiblase platzen. »Echt?«, fragt er und zieht Mimi am anderen Ohr. Aber wirklich nur ein bisschen. »Kampfhund ist das aber logisch nicht.«

»Nee, Kampfhund ist das nicht«, sagt Jesper unglücklich. Bestimmt findet Nicki, dass Mimi kein besonders toller Hund ist. »Aber kann ganz schön gefährlich sein, du!«

»Ja, kann der das, ehrlich?«, sagt Nicki und steht wieder auf. »Aber Tricks wie Lassie kann der nicht, oder? Menschen retten bei Gefahr oder den Sheriff holen oder was?«

Jesper seufzt. Jetzt muss er es Nicki beweisen.

»Sheriffs gibt es ja gar nicht!«, sagt er entschieden. »Und Tricks kann Mimi ja tausend«, und dann packt er die Leine fester und sie gehen los zum Kanal.

Am Kanal ist die Hundewiese, da steht Jesper sonst manchmal und guckt zu, wie die Leute Stöckchen schmeißen.

Aber heute muss er nicht zugucken. Heute hat er ja selbst einen Hund.

»Los, Mimi, komm her, hol das Stöckchen!«, ruft Jesper und er hebt einen trockenen Zweig vom Boden auf.

Man kann richtig sehen, dass Mimi schon aufgeregt wird, so doll wackelt sie jetzt mit ihrem winzigen Schwanz.

»T-t-t!«, macht Jesper und spuckt auf den Zweig. Das muss man so machen, sonst holt ihn der Hund nicht.

»Jetzt sollst du aber mal sehen, Nicki!« Und er schmeißt den Stock, so weit er kann, und Mimi rennt wirklich hinterher. Und als sie wiederkommt, lässt sie sich den Stock ganz leicht aus der Schnauze nehmen wie ein gut erzogener Hund und dann holt sie ihn noch mal

und noch mal und noch mal. Jesper darf gar nicht mehr aufhören
mit dem Schmeißen.

»Also, so was Besonderes finde ich das nicht!«, sagt Nicki maulig. Er
hat die ganze Zeit zugeguckt. »Also, die Lassie, zum Beispiel …«

»Willst du auch mal?«, sagt Jesper großzügig. Jetzt hat er schon so oft
geworfen, jetzt kann er Nicki ruhig mal lassen.

Und *so* doof findet Nicki Mimi wohl auch wieder nicht.

»Bring her, Mimi, bring her!«, schreit er und schmeißt ihr den Stock
und Mimi ist auch lieb und läuft für Nicki genauso wie für Jesper.
Dreimal macht sie das, und da findet Jesper, jetzt ist es genug.

»Jetzt muss sie nach Hause, gib her!«, sagt er darum, als Nicki den
Stock zum vierten Mal aus Mimis Schnauze nimmt. »Jetzt muss sie
sich erst mal erholen.«

Aber Nicki gibt ihm den Stock nicht zurück. »Erholen?«, schreit er. »Das muss die jetzt schon? Was ist denn das für ein blöder Hund? Die Lassie, die holt den Stock sogar aus dem Wasser!« Und mit einem riesigen Schwung schmeißt er den Stock direkt in den Kanal.

»Mimi!«, schreit Jesper, aber es ist schon zu spät. Mit wilden Sprüngen saust Mimi auf ihren kurzen Beinen zum Kanal und am Rand zögert sie nur einen winzigen Augenblick. Dann ist sie schon drin.

»Mimi!«, schreit Jesper.

Natürlich ist er froh, dass Mimi so mutig ist wie Lassie, aber wo sie doch auf gar keinen Fall nass werden darf!

»Mimi, komm raus!«

Aber das tut Mimi sowieso. Sie schwimmt zum Ufer und klettert aus dem Wasser, und dann schüttelt sie sich so doll, dass die Tropfen bis zu Nicki und Jesper fliegen. Als sie ihnen den Stock zurückbringt, kann man richtig sehen, wie stolz Mimi ist. Furchtbar stolz und vergnügt.

Aber Jesper ist kein bisschen vergnügt.

»Du blöder Idiot!«, schreit er und haut Nicki gegen seine neue Jacke. »Da holt sie sich doch den Tod! Das ist doch viel zu kalt, du Idiot!«

Nicki schiebt Jespers Hand zur Seite. »Die Lassie, die kann …«, sagt er unsicher.

»Blödmann!«, schreit Jesper. »Die Lassie, die macht das im Sommer! Und wie krieg ich die Mimi jetzt trocken?« Und er guckt sich wild um, aber natürlich liegt da am ersten Weihnachtsfeiertag nirgendwo so einfach ein Handtuch auf der Wiese am Kanal. Wenn er Mimi abrubbeln will, muss er was von seinen Sachen nehmen.

»Komm her, Mimi, du sollst dich nicht erkälten«, sagt Jesper und zieht seine dicke warme Jacke mit der Kapuze aus. Damit rubbelt er

Mimi jetzt ab, und weil die Jacke danach sowieso zu nass zum Anziehen ist, wickelt er Mimi auch noch darin ein und nimmt sie auf den Arm.

»Jetzt trag ich dich aber nach Hause, kleine Mimi«, sagt Jesper. »Da kann dein altes Herz sich schön erholen.« Und dann geht er einfach an Nicki vorbei, als ob der Luft wäre.

Soll der sich doch vor seine blöde Glotze setzen, denkt Jesper und klappert mit den Zähnen. Ich trag jetzt meinen Hund nach Hause und dann trink ich einen warmen Kakao.

Die Mimi auf seinem Arm ist schwer wie ein Stein und das hat er vorher nicht gewusst. Zweimal muss er unterwegs Pause machen, aber Mimi leckt ihm immer so lieb übers Gesicht, dass er fast vergisst, wie schwer sie ist und wie furchtbar er friert. Sie sieht auch kein bisschen erkältet aus.

Im Treppenhaus setzt Jesper Mimi wieder auf den Boden.

»Jetzt musst du alleine laufen, Mimi«, flüstert er und zieht sich die nasse Jacke über. Sie riecht jetzt ganz wunderbar nach Hund. »Und bloß nichts verraten!«

Aber Mimi schweigt wie ein Grab.

Als Mama die Tür aufmacht, zischt sie an ihr vorbei auf den Flur.

»Gerade pünktlich zum Kaffeetrinken«, sagt Mama fröhlich. Dann sieht sie die nasse Jacke.

»Jesper!«, sagt sie leise. »Was hast du denn gemacht?«

Jesper legt einen Finger gegen den Mund. »Geheimnis!«, flüstert er. Und weil Tante Ines da ist, fragt Mama auch wirklich nicht nach. Nur, dass sie an der Jacke riecht, ist nicht so gut. Da kann sie sich bestimmt was denken.

»Ach, der Jesper ist auch schon zurück!«, sagt Tante Ines, als Jesper ins Zimmer kommt. »Zum Glück hat es ja doch nicht angefangen zu regnen.«

»Nee, hat es nicht, zum Glück«, sagt Jesper und setzt sich schnell auf einen Stuhl neben Janna, bevor es noch irgendwem einfällt, dass er sich unbedingt die Hände waschen muss. »Kein bisschen hat es geregnet.«

»Du bist ja doch ein ganz zuverlässiger kleiner Kerl«, sagt Tante Ines freundlich. »Und deine Schwester hat uns eben grade so ein schönes Weihnachtsgedicht aufgesagt. Kannst du denn auch eins?«

Jesper überlegt, ob er vorschlagen soll, dass sie noch einmal das Krippenspiel aufführen sollen, über das Mama und Papa sich gestern so schrecklich gefreut haben. Aber irgendwie hat er das Gefühl, dass Tante Ines von Krippenspielen nicht viel versteht.

»Nee, kann ich leider nicht«, sagt er darum bedauernd. »Aber ich kenn mich mit Hunden aus.«

Und dann nimmt er sich ganz schnell einen von den guten Keksen, die Mama immer nur kauft, wenn Besuch kommt, und er denkt, dass Weihnachten in diesem Jahr doch wieder sehr schön war.

Wenn er Glück hat, kriegt er ja vielleicht im nächsten Jahr sogar einen Schäferhund.

# Weihnachtsessen im Möwenweg

Zu Mittag haben wir am ersten Weihnachtsfeiertag Gans gegessen, das muss man, wenn Weihnachten ist. Das weiß ich, weil es bei Tieneke auch immer Gans zu Weihnachten gibt und überhaupt bei allen. Bei uns kocht immer Oma Friedrichstadt die Gans, die packt ihr Äpfel in den Bauch und Nüsse und noch andere Sachen, und dann schmeckt es so weihnachtlich, dass ich das Mittagessen richtig gerne mag. Viel lieber als den Karpfen am Heiligabend. Den mag ja wohl niemand. Aber es muss ihn trotzdem geben, sonst ist der Heiligabend nicht richtig.

Als wir schon alle am Tisch gesessen haben, hat Papa Petja geweckt, der hat immer noch geschlafen. Da konnte man ja sehen, wer in unserer Familie wirklich eine Schlafmütze ist! Er durfte aber im Schlafanzug am Mittagstisch sitzen, ausnahmsweise, weil Weihnachten ist, hat Mama gesagt. Aber wenigstens beim Essen dabei sein muss er und sein neues Handy darf er nicht mitbringen. Ein Weihnachtsessen ist schließlich ein Weihnachtsessen und eine Familienangelegenheit. Ich habe aber gefunden, dass Petja wenigstens seinen Bademantel hätte überziehen sollen. Ein Bruder im Schlafanzug stört ja die ganze Feierlichkeit.

177

Nach dem Essen ist Tieneke gekommen und hat gesagt, bei ihnen war die Gans in diesem Jahr mit Kastanien gefüllt. Das war ein neues Rezept aus einer Kochshow im Fernsehen, sie mochte es aber nicht so gerne. Es war aber vornehm, hat ihre Mutter gesagt. Wir haben ein bisschen mit Maus mit seiner neuen Ritterburg von Playmo gespielt, weil wir ja sowieso noch auf Fritzi und Jul warten mussten, und außerdem soll man zu Weihnachten nett zu seinen kleinen Brüdern sein. (Das bin ich sonst aber auch ziemlich oft.) Leider sind uns immer die Gummibänder von den Kanonen abgegangen, da konnten sie nicht mehr richtig schießen.

»Das ist auch besser so!«, hat Oma Friedrichstadt ganz streng gesagt. »Schießen ist nicht schön.«

»Ist das wohl!«, hat Maus gesagt. »Weißt du ja gar nicht!« Dann hat er Oma Friedrichstadt aus Versehen eine winzige Kanonenkugel gegen den Fuß geschossen. Das tut aber nicht weh. Ich weiß das, weil ich mir selbst gegen die Hand geschossen habe, um es auszuprobieren.

Zum Glück hat es da schon an der Haustür geklingelt und Fritzi und Jul standen davor mit ihrem neuen lustigen Brettspiel und wir sind nach oben in mein Zimmer gegangen. Weil im Wohnzimmer ja die Erwachsenen gesessen haben und Maus auch, da haben wir uns lieber in meinem Zimmer auf meinen kuscheligen Teppich gehockt. Auf dem Schreibtisch hatte ich eine Kerze stehen, die hab ich angezündet, und am Bücherbord hing die Lichterkette, die Tieneke mir zu Weihnachten gebastelt hatte. Ich hab auch noch die Fenstervorhänge zugezogen, damit es schön dämmerig war, und da hatten wir es noch mal richtig weihnachtlich.

Jul hat das Spiel auf dem Boden aufgebaut. Wir waren ja vier Kinder, das war ganz genau richtig dafür, hat Jul gesagt.

Fritzi hat erzählt, dass das Essen im Restaurant langweilig war. Es gab überhaupt keine Pommes frites. Und das Baby von ihrem Onkel Thomas hat die ganze Zeit gebrüllt, darum konnte er überhaupt nichts essen. Er musste die ganze Zeit den kleinen Schreihals durch die Gegend schleppen.

Und außerdem hatte Fritzi in dem Sternerestaurant keinen einzigen Stern gesehen. »Aber weißt du was?«, hat sie gesagt. »In der Weihnachtsgans waren Kastanien drin!«

Da hat Tieneke natürlich sofort geschrien, dass in ihrer Weihnachtsgans auch Kastanien waren. Ich war vielleicht ein kleines bisschen neidisch, dass wir nur Äpfel gehabt hatten wie immer. Obwohl ich die ja natürlich lieber mag. Aber ich finde es immer so schön, wenn mir etwas passiert, und dann passiert Tieneke oder Fritzi und Jul genau das Gleiche und es ist ein Zufall. Nun hatten Tieneke und Fritzi und Jul den Zufall gehabt.

»Was ist, können wir auch noch mal irgendwann spielen?«, hat Jul gefragt und ganz genervt geguckt. »Oder wollt ihr euch weiter über Gänse unterhalten? Vielleicht auch noch über Kühe und Schweine und Schafe und Ziegen? Ist hier heute Bauernhoftag, oder was?« (Jul wird neuerdings immer so schnell sauer, ich weiß gar nicht, warum.)

Das wollten wir aber natürlich nicht. Wir hatten ja nur gewartet, bis sie mit dem Aufbauen fertig war.

Dann hat sie uns das Spiel erklärt. Es war kein Rausschmeißspiel (die mag ich am liebsten, weil man immer so ein Kribbeln im Bauch kriegt dabei, wenn man Angst hat, dass man gleich rausfliegt), sondern ein Legespiel. Es war wie ein Labyrinth und ein bisschen schwierig, weil man immer so Gänge bauen musste und Karten hin und her schieben. Ich hab es aber verstanden.

Und gerade, als ich gedacht habe, dass Jul nun leider bestimmt gleich gewinnt, hat jemand ohne anzuklopfen meine Zimmertür aufgerissen und das war natürlich Petja. Und er hatte tatsächlich immer noch seinen Schlafanzug an!

»Schöne Grüße von Vincent und Laurin!«, hat er gesagt. »Und ich soll mal nachgucken, ob die Weiber wieder in Strumpfhosen durch die Gegend hüpfen!«

Das hatten Tieneke und ich vor Weihnachten nämlich in unserem Wohnzimmer getan, aber nur, weil wir ein Ballett für die Klassenweihnachtsfeier eingeübt haben. Und natürlich hatten die Jungs uns erwischt und sich über uns lustig gemacht.

»Für Weiber in Strumpfhosen steigt er sofort in den nächsten Flieger und kommt nach Hause, soll ich euch von Vincent ausrichten! Das will er sich nicht entgehen lassen«, hat Petja gesagt. »Aber nee, muss ich ihn wohl enttäuschen. Keine Strumpfhose weit und breit.« Und er hat die Hand über die Augen gehalten und um sich gespäht wie ein Matrose auf dem Ausguck am Mast.

»Vincent kann ja gerne kommen und dich im Schlafanzug angucken!«, hat Jul gesagt. »Findest du dich nicht peinlich? Aber ehrlich!«

»Aber ehrlich!«, hab ich auch gesagt.

Petja hat sich ganz tief vor Jul verbeugt. »Freu dich, dass du endlich mal was Gutes zu sehen kriegst!«, hat er geflüstert.

Ich hab aber nicht gewusst, was an so einem schlabberigen Jungsschlafanzug Gutes sein soll.

»Woher weißt du denn, was Vincent und Laurin wollen, Petja?«, hat Fritzi gefragt. »Haben die dich angerufen?«

Da hat Petja so ganz cool sein neues Handy hochgehalten und gesagt, nee, das ist ja wohl nicht nötig. Sie schicken sich schon den ganzen Tag SMSe, und die beiden lassen uns grüßen.

»Frag sie mal, was sie zu Weihnachten gekriegt haben, Petja!«, hat Fritzi gesagt. Aber das wusste Petja sowieso schon, weil sie sich das nämlich am Heiligabend als Erstes gesimst hatten. Natürlich war das wieder ziemlich viel.

»Frag sie, ob sie auch Unterhosen gekriegt haben!«, hat Jul gesagt. »Sonst wären sie nämlich die Einzigen im Möwenweg, die keine Unterhosen gekriegt haben, die Armen.«

Genau da hat Maus seinen Kopf zur Tür reingesteckt. »Jul hat Unterhosen gesagt, Mama!«, hat er geschrien und ist schon wieder die Treppe nach unten gepoltert. »Jul hat Unterhosen gesagt, Mama!«

Petja hat sich an die Stirn getippt. »Nee, die Weiber haben recht, Unterhosen muss es zu Weihnachten unbedingt für jeden geben«, hat er gesagt. »Sonst kann man sich nicht weihnachtlich fühlen.« Dann hat er sofort in sein Handy getippt. Er hat fünfzig Gratis-SMSe im Monat, hat er gesagt. Die waren noch nicht ganz verbraucht.

Dann hat er erzählt, dass Vincent drei Boxershorts von einer sehr teuren Marke gekriegt hatte, und Laurin hatte mehr so normale.

Und im nächsten Jahr würde Vincent im Möwenweg ein Wettbüro aufmachen und Wetten annehmen, wie viele Unterhosen jedes Kind zu Weihnachten kriegen würde, das wäre eine todsichere Einnahmequelle.

»Das ist ja wohl albern!«, hab ich gesagt. Dass die Jungs immer so kasperig sein müssen!

»Aber wirklich!«, hat Tieneke gesagt. »Auf Unterhosen wetten! Peinlich!«

»Kindisch!«, hat Jul gesagt. »Wer war dran?« Dann hat sie einfach weitergespielt.

Aber Petja ist immer noch nicht weggegangen.

»Vincent schickt tausend Grüße und Küsse!«, hat er gesagt. »Ich glaube, die Küsse sollen für Tara sein.« (Wir haben uns nämlich überlegt, dass Jul später mal Petja heiratet und ich heirate Vincent und Tieneke muss dann Laurin nehmen. Obwohl der ja zu jung für sie ist. Und Fritzi kriegt leider nur Maus. Dann können wir alle zusammen im Möwenweg wohnen bleiben.)

Petja hat seinen Mund so ganz spitz gemacht und immerzu in die Luft geküsst. »Wie viele Küsse soll ich Vincent denn von dir zurückschicken?«, hat er gefragt.

Da bin ich aufgesprungen und wollte Petja eine scheuern, aber er war zu schnell. Er ist in sein Zimmer gesprintet und hat die Tür hinter sich abgeschlossen.

»Lass ihn, der langweilt sich nur«, hat Jul gesagt. Ich hab gesehen, dass sie das Spiel wirklich schon fast gewonnen hatte. Aber sie ist ja auch die Älteste von uns Mädchen. »Weil Vincent und Laurin nicht da sind. Und mit uns will er logisch nicht spielen.«

Aber nachher ist Petja doch noch in mein Zimmer gekommen und hat mitgemacht bei unserem Brettspiel. Man konnte es mit bis zu sechs Personen spielen, da ging das ja gut. Und er hatte sich seinen Schlafanzug ausgezogen und normale Anziehsachen an und er hat uns kein bisschen geärgert. Dann finde ich es immer schön, dass ich einen großen Bruder habe. Er hat auch keine peinlichen Sachen mehr zu uns gesagt wie »Unterhose« oder »küssen«.

Als wir die dritte Runde fast fertig gespielt hatten und ich beinahe gewonnen hatte (die erste Runde hatte ja Jul gewonnen und die zweite Tieneke), hat Mama von unten gerufen, dass wir bitte zum Kaffeetrinken kommen sollten. Ich weiß wirklich nicht, warum es immer so wichtig ist, dass man Mittag isst und Kaffee trinkt, wenn

183

man gerade ein schönes Brettspiel spielt, aber die Erwachsenen wollen es so. Da mussten wir unser Spiel abbrechen und ich hab leider keinmal gewonnen.

»Sie kommen übrigens übermorgen zurück«, hat Petja gesagt. »Vincent und Laurin. Ihre Mutter hat sich beim Snowboarden den Fuß verknackst, den will sie lieber zu Hause auskurieren. Und ihr Vater bringt die beiden dann auch zurück.«

Petja hat richtig zufrieden ausgesehen. Obwohl man sich ja nicht freuen soll, wenn eine Mutter sich den Fuß verknackst hat. Aber Petja hat gesagt, nee, Zita-Sybill (so heißt die Mutter von Vincent und Laurin) ist ihm ganz egal, deren Füße könnten seinetwegen auch gerne beide heil sein. Seinetwegen kann sie sogar vier heile Füße haben oder sechs. Ihm geht es nur um seine Kumpels.

Da hab ich plötzlich gemerkt, dass ich mich auch ein bisschen freue, wenn Vincent und Laurin wieder hier sind. War das nicht merkwürdig? Bestimmt nicht, weil ich in Vincent verliebt bin, wenn das vielleicht jemand glauben sollte. Einfach nur, weil es schöner ist, wenn wir alle wieder zu Hause sind. Alle Kinder im Möwenweg.

Beim Kaffeetrinken hat Petja Mama und Papa erzählt, dass Vincent und Laurin wiederkommen. Leider hatte er dabei grade einen von meinen selbst gebackenen Haselnussfreuden-Keksen im Mund.

»Man spricht nicht mit vollem Mund, Petja!«, hat Maus geschrien. »Weißt du das nicht?«

»Ja, ja, ja«, hat Petja gesagt und sich gleich noch einen Keks hinterhergestopft. »Babykram!« Manchmal kann man wirklich nicht glauben, dass er schon elf ist. Ich hab gesehen, dass Oma Friedrichstadt sein wildes Gefuttere vielleicht nicht so schön fand. Aber sie hat nichts gesagt, nicht mal, als man Petja mit seinem vollen Mund fast

184

nicht verstehen konnte. Oma Friedrichstadt ist ja so lieb. »Cool, dass Vincent und Laurin dann zu Silvester wieder da sind.«

Da ist mir zum ersten Mal eingefallen, dass bald ja auch schon Silvester ist und dass wir beschlossen hatten, alle zusammen zu feiern, und mir ist innen drin ganz warm und zufrieden geworden.

Dann muss man ja nicht mehr so traurig sein, dass Weihnachten vorbei ist, finde ich. Silvester ist auch schön.

## Quellenangabe

Weihnachtsbäckerei im Möwenweg
*aus: Weihnachten im Möwenweg*
*(© Verlag Friedrich Oetinger GmbH, 2005)*

Lena und der Weihnachtsbasar
*aus: Lena hat nur Fußball im Kopf*
*(© Verlag Friedrich Oetinger GmbH, 2005)*

King-Kong, das Weihnachtsschwein
*(© Kirsten Boie, 2010)*

Erster Dezember im Möwenweg
*aus: Weihnachten im Möwenweg*
*(© Verlag Friedrich Oetinger GmbH, 2005)*

Linnea trifft den Weihnachtsmann
*aus: Linnea macht Sachen*
*(© Verlag Friedrich Oetinger GmbH, 2002)*

Jesper, Janna, Jule und der Tannenbaum
*aus: Alles ganz wunderbar weihnachtlich*
*(© Verlag Friedrich Oetinger GmbH, 1992)*

Paule und das Krippenspiel
*aus: Paule ist ein Glücksgriff*
*(© Verlag Friedrich Oetinger GmbH 1985, 2010)*

## Illustratorennachweis

Silke Brix:
*Seite 5, 27-44, 45-64, 73-82, 93-106, 115-132 ,*
*133-136, 187, 190*

Katrin Engelking:
*Seite 3, 7-26, 65-72, 107-114, 155-160, 177-185, 189*
*sowie die Einbandillustration*

Susann Opel-Götz:
*Seite 4, 83-92, 137-146, 147-154, 161-176*

*Kirsten Boie,* 1950 in Hamburg geboren, promovierte Literaturwissenschaftlerin, ist eine der renommiertesten deutschen Kinder- und Jugendbuchautorinnen. Für ihr Gesamtwerk wurde sie mit dem Sonderpreis des Deutschen Jugendliteraturpreises geehrt. Kirsten Boie hat viele beliebte Kinderbuchfiguren für alle Altersgruppen kreiert und engagiert sich stark auf dem Gebiet der Leseförderung. Nicht nur »Paule ist ein Glücksgriff« – so der Titel ihres Debütromans –, sondern auch »Kirsten Boie ist ein Glücksfall für die deutsche Kinderbuch-Literatur« (NDR).

*Silke Brix,* 1951 in Schleswig-Holstein geboren, studierte an der Fachhochschule für Gestaltung in Hamburg und illustriert seit 1986 Bücher für Kinder. Aus ihrer Zusammenarbeit mit Kirsten Boie sind bislang mehr als 30 Bücher entstanden. Bei Oetinger ist außerdem ihr eigenes Bilderbuch »Ich kann das auch!« (Text und Illustration: Silke Brix) erschienen.

*Katrin Engelking,* 1970 in Bückeburg geboren, studierte an der Fachhochschule für Gestaltung in Hamburg und arbeitet seit 1994 als freie Illustratorin. Neben den »Kindern aus dem Möwenweg« von Kirsten Boie hat sie auch so manchen Buchcharakteren von Astrid Lindgren ein (neues) Gesicht gegeben – fröhlich, farbenfroh, voller Fantasie und mit viel Gespür für die Lebenswirklichkeit ihrer Leser.

*Susann Opel-Götz* wurde 1963 in Bayreuth geboren. Sie studierte zunächst Kunst und Literatur, später Buchillustration an der Akademie der Bildenden Künste in München und arbeitet seitdem sehr erfolgreich als freie Illustratorin. »Ab heute sind wir cool«, ihr erstes eigenes Bilderbuch (Text und Illustration: Susann Opel-Götz), wurde mit dem Eulenspiegel-Bilderbuchpreis als »inhaltlich und gestalterisch herausragend« ausgezeichnet.

# Kirsten Boie

## Ihre schönsten Kinder- und Jugendbücher

Oetinger

Illustration: Katrin Engelking aus
Kirsten Boie »Weihnachten im Möwenweg«

*Weitere Informationen unter: **www.kirsten-boie.de** und **www.oetinger.de***